Personajes de la
Revolución

Personajes de la
Revolución

Roberto Mares

Grupo Editorial Tomo, S.A. de C.V.,
Nicolás San Juan 1043,
03100, México, D.F.

1a. edición, noviembre 2009.

© *Personajes de la Revolución*
Roberto Mares

© 2009, Grupo Editorial Tomo, S.A. de C.V.
Nicolás San Juan 1043, Col. Del Valle. 03100, México, D.F.
Tels. 5575-6615 • 5575-8701 y 5575-0186
Fax. 5575-6695
http://www.grupotomo.com.mx
ISBN: 978-607-415-156-5
Miembro de la Cámara Nacional
de la Industria Editorial No. 2961

Diseño de portada: Karla Silva
Diseño tipográfico: Armando Hernández R.
Supervisor de producción: Leonardo Figueroa

Impreso en México - Printed in Mexico

Contenido

Prólogo

Este no es un libro de Historia, así, con mayúscula, lo que indicaría un tratado académico; éste es un libro de historia en minúscula, o, más bien dicho, es un libro de historias. Lo que aquí se cuenta son las historias de los hombres que hicieron la Historia.

Podría decirse que este libro es un esbozo biográfico de las personas que participaron en esa gran conmoción social que fue la Revolución Mexicana, el primer movimiento de transformación humanística que se produjo en el siglo XX, y que marcó con sangre el inicio de una época de cambios profundos y dolorosos que ocurrieron en el mundo, mismos que ahora podemos ver desde la sana y distante perspectiva de la "posmodernidad", como se dice, de manera elegante, para señalar esa íntima convicción que nos permite entender y sentir que el pasado "ya pasó", que el tiempo y la maduración han producido el efecto de ubicarnos en una nueva etapa de la vida. Así sucede en la historia personal, y también en la social; cuando se cumple un ciclo (o un siglo), hay que soplar con fuerza y alegría para extinguir los fuegos del pasado, como hacemos cada cumpleaños, cuando apagamos las velitas del pastel y pedimos un deseo que, por supuesto, se proyecta al futuro.

Hace ya un siglo que en México muchos hombres y mujeres se pusieron a soplar sobre su propio pasado, para extinguir aquellos fuegos de ignominia en los que vivían y abrir un nuevo espacio social, donde cupiera la justicia y la libertad que deseaban para ellos mismos y para nosotros, sus descendientes. Ellos no lo hicieron pensando en la estatua que habría de erigírseles en la plaza de su pueblo, ni en la calle que llevaría su nombre; no se imaginaban siquiera que se les mencionaría en las páginas de un libro como éste; simplemente permitieron que en su mente y su corazón se instalara la idea de que las cosas no necesariamente son como son, sino que también pueden ser de otra manera, como quisiéramos que fuesen.

En su más profunda raíz, el impulso revolucionario es un sentimiento más que una idea; o, más bien, es una idea-sentimiento, eso que llamamos *ideal*, aquello que es razón y emoción al mismo tiempo, que nos llena de entusiasmo y nos da la energía suficiente para dar el paso hacia el porvenir, aceptando el riesgo de salirnos de los caminos conocidos, para abrir brecha hacia un mañana en el que las relaciones humanas sean vistas como un valle en el que habitamos todos, y no como una montaña a cuya cima sólo pueden llegar algunos; un tipo de sociedad en la que la economía y la política sean instrumentos para promover el bienestar de la sociedad en su conjunto.

Ciertamente, este ideal está presente en la génesis y el desarrollo de la Revolución Mexicana, como lo estaba en todo el mundo a principios del siglo XX; pero aquí encontró un terreno todavía húmedo por la sangre vertida en la Independencia, la Reforma y el Imperio, bien abonado por el despotismo y preparado por el pensamiento de una elite de intelectuales que hacían eco a las tendencias humanísticas y socializantes de la época, rebasando el "cientificismo" de los dominadores. No es raro, entonces, que la semilla del ideal haya fructificado con extraordinaria rapidez y se haya convertido en acción.

Se formó entonces una enorme "bola" que rodó por todo el país, aglutinando a su paso a personas de toda índole y condición; las grandes masas anónimas se movilizaban atraídas por el magnetismo del ideal, pero algunos jugaron papeles protagónicos en la gesta social, como personajes de una obra que no había sido escrita por nadie en particular, sino por ese gran dramaturgo que en la retórica del siglo XX llamaban "el pueblo". Es por eso que en este libro los llamamos "personajes", y no héroes o próceres, pues se les ubica como personas de carne y hueso que entraron en la escena revolucionaria en virtud de la tesitura de su personalidad; algunos eran hombres particularmente sensibles a los ideales, otros eran proclives a la acción, otros a la organización, a las ideas o a la expresión artística; todos confluyeron en el mismo escenario, pero entraron por diferentes puertas e hicieron principalmente lo que mejor sabían hacer. La estructura de este libro se basa en esa metáfora teatral, lo que nos ha permitido crear una forma de clasificación que no es arbitraria, pues presenta los elementos que nos permiten ver la Revolución en un sentido más amplio que el de la simple lucha armada.

Reiterando lo dicho al principio de este prólogo, éste no es un libro académico, lo que se pretende es el reencuentro del lector con las situaciones en las que se produjo el movimiento revolucionario, y especialmente con personajes que participaron de manera protagónica, mismos que seguramente resuenan en nuestra mente como ya conocidos, pero que en este libro podrán ser reconocidos y revalorados.

Roberto Mares

Hombres de ideales

Los pueblos, en su esfuerzo constante porque triunfen los ideales de libertad y justicia, se ven precisados en determinados momentos históricos a realizar los mayores sacrificios. Nuestra querida patria ha llegado a uno de esos momentos: una tiranía que los mexicanos no estábamos acostumbrados a sufrir, desde que conquistamos nuestra independencia, nos oprime de tal manera que ha llegado a hacerse intolerable.

Francisco I. Madero

Ricardo Flores Magón (1873-1922)

Político y periodista nacido en San Antonio Eloxochitlán, Oaxaca. Hijo de familia humilde, empezó la carrera de abogado, pero no la terminó. En 1893 inició la publicación del periódico de oposición *El Demócrata*. En 1900 funda *Regeneración*, desde donde ataca al régimen del general Díaz, lo que provoca su encarcelamiento. En 1901 asiste al Primer Congreso de Clubes Liberales, en San Luis Potosí, y en 1902 toma a su cargo la publicación del periódico antirreleccionista *El hijo del Ahuizote*, fundado por Daniel Cabrera. En 1904 es aprehendido nuevamente y expatriado.

Desde San Antonio, Texas y San Louis Missouri reanuda la publicación de *Regeneración*, y en 1906 funda el Partido Liberal Mexicano. Al estallar la Revolución, en 1910, participa en algunas batallas, pero abandona la lucha por considerar "burgués" a Madero. Sostiene sus principios anarquistas, que lo llevan a publicar un manifiesto en 1918, dirigido a los anarquistas de todo el mundo. Encarcelado y enjuiciado por las autoridades norteamericanas, es declarado culpable de subversión. Firme en su postura ideológica, es asesinado en la prisión de McNeil, en Washington.

Enrique Flores Magón (1887-1954)

Político y escritor nacido en Tootitlán del Camino, Oaxaca. Precursor de la Revolución. Fue perseguido y encarcelado por sus ideas y acciones. Finalmente se exilió y regresó a México en 1923.

Durante los primeros años del siglo XX se difundieron por todo el mundo las tendencias anarquistas y anarco-sindicalistas, que en México tuvieron su principal eco y organización en el Partido Liberal Mexicano, Fundado por Ricardo Flores Magón y sus hermanos, y a partir de ahí se constituyeron diversas células activistas, siendo una de ellas la llamada Unión Liberal Humanidad, cuyo centro de agitación estaba en Cananea, Sonora, donde era sensible el gran descontento de los trabajadores, debido a la explotación a la que eran sometidos en un sentido económico y laboral, puesto que se trataba del rudo trabajo de minería que ellos realizaban para la empresa estadounidense *Cananea Cosolidated Cooper, Co.*, que contaba con la concesión otorgada por el gobierno de Díaz y el apoyo de los "científicos" que conformaban su gabinete.

DOBLE BOLA
DE LA HUELGA DE CANANEA
Anónimo

Fue tan injusto y tirano
el régimen porfirista,
que en sus treinta años de paz
los crímenes forman lista.

Sin entrar en los detalles,
tan sólo cuento los hechos
y bases con que iniciaron
los viejos obreros su lucha de clases.

Con salarios miserables
y con las cargas más toscas,
viviendo a lo sabandija
y muriendo entre las moscas.

Año del seis de este siglo
—ya mayo se petateaba—
la cosa fue en Cananea
cuando junio principiaba.

En la lejana Sonora,
La Ley estimaba delitos mayores

que se organizaran
en sindicatos los trabajadores.

Los patrones eran gringos
y gringos los capataces,
y más que gringos, ladrones,
como las aves rapaces.

Las demandas eran justas:
derecho al ascenso, mínimo salario,
jornada de ocho horas
y trato a los nuestros más humanitario.

La agitación de la Unión dio por resultado el estallido de una huelga en las minas el 1° de junio de 1906, lo que se considera el detonador histórico de la Revolución Mexicana, en parte porque fue el primer movimiento organizado de reivindicación social y también porque rebasaba los límites del conflicto doméstico y se proyectaba al ámbito nacional como una protesta al régimen político y un claro reto a un gobierno que no estaba acostumbrado a la negociación.

En un primer momento la manifestación de los mineros se dirigió al depósito de madera de la empresa con la finalidad de arengar a los trabajadores de esa área a que se unieran; pero los empleados estadounidenses abrieron fuego en contra de los manifestantes, matando a varios de ellos, lo que desató un motín en el que prendieron fuego al depósito y dieron muerte a los hermanos Metcalf, quienes habían iniciado la represión armada. De ahí, los huelguistas tomaron por asalto la casa de empeño, en donde habían armas que estaban en depósito y con ellas iniciaron un ataque a las casas de los funcionarios americanos.

Ante estos hechos, el gobernador porfirista del Estado de Sonora, Rafael Izábal, se dirigió a Cananea al mando de tropas, y al llegar la población de Naco incorporó a sus fuerzas a varios grupos de rangers de Arizona, que eran comandados por el capitán Tom Tynning, con lo que tomó forma la brutal represión que más tarde se extendió al segundo foco de agitación que ya se había activado en esos días, y que era la concesionaria de Río Blanco.

Lázaro Gutiérrez de Lara (?-1918)

Un pliego de peticiones
se presentó ante la empresa
y la empresa contestó:
que le causaba sorpresa.

Los mineros se reunieron
y al verse negados con esa respuesta
lograron un mitin
y se engolillaron en recia protesta.

Pero al llegar al mero
taller de carpintería
los recibió una rechifla
de carga de fusilería.

Pues los cobardes mandones
con Winchester dieron descarga cerrada,
cayendo los nuestros
igual que los patos
al tronar l'armada.

Muertos y pilas de heridos
doblaron desde un principio;
los rengos, tras la justicia,
jalaron pa'l municipio.

Allí, dos nuevas descargas
los pies les pararon mochando sus alas;
y allí se aguantaron,
balas contra piedras, piedras contra balas.

Y tanto miedo sintieron
el Gobierno y el gerente,

que pidieron de Arizona
con carácter de urgente,

un batallón de soldados;
los yanquis vinieron,
mas la masa entera
del pueblo indignado
los largó de plano para su frontera.

Abogado nacido en Nuevo León. Precursor de la Revolución de 1910 y del Movimiento Sindical Mexicano. En 1902 era juez de Chihuahua. Participó en la huelga de Carranza como líder obrero (1906). Acompañó a John Kenneth Turner en la expedición en la que se escribió *México Bárbaro*. Colaboró en las huelgas textiles del D. F. en 1911. Como magonista, combatió al régimen de Díaz. Murió fusilado en Sáric, Sonora.

Guillermo Abraham Moreno

Líder de un movimiento de pescadores de la zona de La Paz, Baja California que en 1910 iniciaron un movimiento que tenía fines locales, como en Cananea y Río Blanco; pero que seguía los vientos revolucionarios que se sentían en todo el país. Los pescadores de esa región eran explotados por la compañía inglesa *The Mangara Exploration Ltd.*, que controlaba la pesca en esa región por concesión del gobierno de Díaz; pero la explotación tenía una doble faz: por un lado consistía en pagar sueldos miserables a los pescadores de la empresa y por otro se impedía la pesca libre y la comercialización, lo que era apoyado por las autoridades porfiristas locales. La situación continuó así hasta el triunfo de Madero quien, ya presidente, abolió la concesión de la compañía inglesa y decretó la inviolabilidad del derecho a la libre pesca.

Antonio Díaz Soto y Gama (1880-1967)

Nacido en San Luis Potosí. En 1899 fundó el Club Liberal Ponciano Arriaga, para oponerse al porfirismo, lo que le generó persecución, por lo que se tuvo que exiliar en los Estados Unidos, donde permaneció hasta 1904. Fue compañero de los hermanos Flores Magón en el exilio. Presentó un proyecto de ley agraria con Juan de Sarabia, en 1912. Estuvo con los revolucionarios del sur hasta el Plan de Agua Prieta (1920). Fundó el Partido Nacional Agrarista junto con Octavio Paz, Ángel Barrios, Felipe Santibañez, Rodríguez Gómez y otros. Durante un tiempo, este Partido fue una auténtica expresión de las demandas campesinas. Escribió *La revolución agraria del sur y Emiliano Zapata, su caudillo*. Murió en la ciudad de México.

Y fue don Rafáil Izábal,
cobarde y gobernador,
el soplón que pidió ayuda
para aplacar el furor

del obrero organizado.
¡General de paja y traidor notorio
que llamó a los yanquis
a que pisaran nuestro territorio!

¡Maldito Rafáil Izábal,
inconsciente y obediente,
pa'que otra vez se repita
el mátalos en caliente!

¡Fue más papista que el Papa,
pues sirvió a Porfirio y a los magnates!
¡Todo por el Amo,
por su paz y su progreso... hasta los tompiates!

A la larga y por su cuenta,
con las fuerzas federales
el Gobierno dominó
con puros actos bestiales.

Pero le quedó la mancha
de pedir auxilio, y el mucho cinismo
de usar contra hermanos
las armas y brazos del capitalismo.

Por fin accedió la empresa
a las muy justas demandas,
mas el Tirano no andaba
con blondas ni manos blandas.

Y pa'servir de escarmiento
los líderes presos: Calderón e Ibarra,
Diéguez y De Lara,
de San Juan de Ulúa sufrieron la garra.

Silvina Rembao de Trejo (1826-1895)

Precursora de la Revolución nacida en Mineral de Morelos, Chihuahua. Fue partidaria de los hermanos Flores Magón. En

1907 fundó con su esposo el Centro Revolucionario de Chihuahua. Fue encarcelada varias veces. Escribió artículos contra el caciquismo y el latifundismo. Se le llamó "La matrona de la Revolución". Murió en Chihuahua.

Praxedis Guerrero (1882-1910)

Nacido en una hacienda en San Felipe, Guanajuato. Hijo de hacendados locales se dedicó al periodismo. Abandonó la casa paterna en protesta por las condiciones en las que se encontraban los peones y emigró a los Estados Unidos donde trabajó como minero y leñador. Fundó *Alba Roja* en San Francisco, en estrecho contacto con los sindicalistas norteamericanos, las comunidades de emigrados y el magonismo; fundó en Arizona la Junta Auxiliar de Obreros Libres, que tuvo una gran influencia en el campo minero de Morenci. Miembro clave del Partido Liberal Mexicano, de orientación magonista. Colaboró en *Regeneración* y en *Revolución*. Autor de *Puntos rojos* y de narraciones sobre los combates de Viesca y Palomas, en los que participó, en 1906 y 1908, contra la dictadura porfirista, en acciones sucesivas en la frontera. Continuó su labor como periodista en los Estados Unidos hasta 1910, cuando formó una guerrilla de militantes anarco-magonistas y dirigió en ataque a Janos, Chihuahua, en el que falleció a causa de las heridas.

Juan Sarabia (1882-1913)

Y así se volvió a la paz,
al orden y a los progresos.
¡A costa de sangre y viudas
y de huérfanos y presos!

Y hasta que ganó Madero
se abrieron las rejas de aquel despotismo
pa'los precursores
de la lucha obrera y el sindicalismo.

¡Pero esa gente no importa
si con otro hachazo más
se logra que caiga el palo
y con él ruede la paz!

¡Porque a la larga, en la corta,
lágrimas del pueblo y lluvias del monte
llegarán al mar,
aunque monte y pueblo sufran el desmonte.

Y en este primer encuentro
la derrota fue una pausa
y el presentar resistencia
signo de la buena causa.

Pues para entonces se afirma
que hay que prepararse
y plantear los hechos

y tomar impulsos
porque cuesta mucho
conquistar derechos.

Precursor de la Revolución nacido en la ciudad de San Luis Potosí. Luchó contra la dictadura porfirista. Perseguido por sus campañas, se exilió en San Luis Missouri, donde ya estaban los hermanos Flores Magón y otros revolucionarios que, en 1906, constituyeron la junta del partido liberal y el programa precursor de la Revolución. Al regresar a México fue capturado en Ciudad Juárez y enviado a San Juan de Ulúa, donde permaneció de 1908 a 1911. Fue colaborador de periódicos como *El Diario del Hogar, el hijo del Ahuizote, Excélsior, Regeneración* y *El Demócrata*. Fue senador por San Luis Potosí, cargo que desempeñaba al morir en la ciudad de México.

Miguel Silva (1857-1916)

Precursor de la Revolución, nacido en Morelia, Michoacán. Obtuvo el título de médico cirujano en 1853. Combatió al porfirismo y en 1910 se unió a la revolución maderista. Al triunfo de ésta fue nombrado gobernador provisional de su estado y en 1912 electo gobernador constitucional, puesto que dejó al usurpar Huerta la presidencia. Se lanzó de nuevo a la lucha al lado de Francisco Villa, del que fue médico de cabecera. Perdida su causa se exilió en La Habana, Cuba, donde murió.

Pedro Antonio de los Santos (1887-1913)

Revolucionario nacido en Tampamolón, San Luis Potosí. Fue orador de la campaña maderista. Marchó a los Estados Unidos porque era perseguido y regresó al triunfar la Revolución. Fue detenido junto con el presidente Madero en 1913, liberado y vuelto a aprehender en Tampico. Murió fusilado en Tancanhuitz, San Luis Potosí.

Francisco I. Madero (1873-1913)

Francisco Ignacio[1] Madero González nació el 30 de octubre de 1873 en la hacienda del Rosario, Parras de la Fuente, Coahuila; hijo de Francisco Madero Hernández y Mercedes González, ambos procedentes de familias de hacendados pudientes, y básicamente apolíticos, no obstante que su bisabuelo, don José Francisco Madero, había sido diputado en el primer Congreso Constituyente de los estados de Coahuila y Texas, y su abuelo había sido gobernador del Estado de Coahuila, ya definido como una entidad federativa.

Francisco estudió la carrera de comercio; primero en Baltimore, después en el Liceo de Versalles, y finalmente en la Universidad de California, en Berkeley, donde terminó su educación formal a los veinte años de edad, cuando regresó a México para casarse con Sara Pérez y establecerse en San Pedro de las Colonias, con el encargo de su padre de administrar las vastas tierras de cultivo que tenía la familia en la región de La Laguna. En esta posición, él se entregó de lleno a las faenas agrícolas, investigando e implantando nuevos modelos de sistemas de cultivo, y sobre todo de aprovechamiento de las aguas del río Nazas, que eran el recurso hidráulico fundamental de los campos de Tlahuaquillo y de La Laguna. Aquí comienza a perfilarse

---

1 La idea popular, que incluso aparece en muchos textos, es que su segundo nombre era "Indalecio", pero en su acta de nacimiento original aparece como "Ygnacio"; pero él mismo se firmaba con la inicial "I", lo que debe respetarse. N. del A.

en él una ética nueva, si bien no propiamente revolucionaria, sí distinta de la que habían sustentado sus ancestros, quienes vivían prácticamente como señores feudales, seguidores de una tradición hispánica ancestral, pues en sus ideas tenía vigencia el concepto de equidad social y la propuesta del progreso económico para beneficio de la comunidad en su conjunto. En este sentido, en 1900, publicó un folleto en el que proponía la construcción de una presa en previsión de la sequía, lo que fue un proyecto muy bien acogido por los tecnócratas "científicos" de la política de ese momento, incluyendo al propio Porfirio Díaz, quien leyó el citado folleto y mandó una nota de felicitación al que llegaría a ser el artífice de su caída y la de su sistema político.

En aquellos tiempos, Madero no manifestaba tendencias políticas, pero sin duda era un hombre de poder, pues en las condiciones sociales de la época, él podía haber hecho lo que su voluntad le dictara en beneficio del feudo familiar y personal, explotando al máximo a los trabajadores del campo para beneficio de una elite a la que pertenecía; finalmente, era eso lo que se esperaba de él, como un eco perfectamente lógico de lo que se hacía en un régimen de mucho "orden", y muy cuestionable "progreso" que daba sentido a la clase dominante de México en aquellos días, en el marco de un esquema "liberal", de línea dura y escasa visión social que tenía como pivote la figura del "hombre fuerte", sin el menor atisbo de democracia.

Sin embargo Madero ya no era el representante lógico de ese sistema político, sino un hombre que, a pesar de su posición, ha concebido una ideología de vanguardia, caracterizada por la reinterpretación del liberalismo tradicional, en busca de un modelo social que no haga distinciones entre las personas y promueva el bien público en armonía con el privado. Tal vez Madero había abrevado de los ideólogos revolucionarios y socialistas de Europa y los Estados Unidos, como efecto natural de sus estudios en el extranjero; pero, más que una postura filosófica, su actitud deviene de una especie de "bondad intrínseca", de una suerte de humanismo del corazón y no sólo de la razón.

Cuenta un amigo de Madero:

Cuidaba de que no engañase a los empleados de su hacienda en el peso del algodón; aumentaba espontáneamente los salarios de los jornaleros; construía para sus trabajadores habitaciones espaciosas, higiénicas y bien ventiladas, y, aficionado a la medicina homeopática, a menudo cargaba con su pequeño botiquín y recetaba a sus peones. Era digno de verse cómo lo asediaban los enfermos y menesterosos, a quienes proporcionaba alivio del dolor, consuelo de las penas, y recursos pecuniarios; en los años de malas cosechas, en las que los vecinos carecían de trabajo, organizaba en Parras un comedor público, sin que por eso faltasen cincuenta o sesenta niños pobres en su casa particular, donde se les alimentaba diariamente, siempre contribuía con sumas fuertes a sostener los institutos de beneficencia; recogía huérfanos desamparados y le preocupaba sobremanera la instrucción del pueblo; protegía y dio educación a muchos jóvenes pobres que ansiaban abrirse paso en la vida, y los mandaba, a sus expensas, a estudiar a diversos lugares del país. Fundó la escuela comercial de San Pedro, asignándole, de su peculio, una fuerte cantidad, además de otros colegios que sostenía en sus dominios, obligando a los trabajadores a que enviaran a sus hijos a la escuela, predicando siempre que es la ignorancia la que engendra la ignominia.

Imaginativo y sentimental, Madero pierde poco a poco el carácter de hombre de negocios y ciertamente ya no goza, entre su propia familia y amigos, de la reputación de hombre práctico, si bien todos le reconocen un claro talento, ya no en los números y la administración, sino en una suerte de humanismo filosófico que configuraba la "vanguardia" popular a principios del siglo XX y que presentaba aperturas hacia "lo otro", lo que era sancionado por las dos grandes autoridades ideológicas de la época: el cientificismo positivista y la tradición religiosa católica. En sus primeras búsquedas filosóficas, Madero se apega a las corrientes "alternativas" en boga: la medicina homeopática y el espiritismo.

En 1906, figuró como delegado por el Centro de Estudios Psicológicos de San Pedro de las Colonias, en el Primer Congreso Nacional *Espírita*, donde expone una síntesis de una visión metafísica de la vida y de la muerte que parten de la idea de las personas como entidades espirituales que van ascendiendo de vida en vida y de mundo en mundo en un proceso de perfeccionamiento que lleva a la conciencia absoluta, desligada de la materialidad. Esto era una paráfrasis de su libro favorito en aquellos tiempos: *El libro de los espíritus*, de Alan Kardek, que representaba, para mucha gente avanzada de la época, una alternativa entre religiosa y racional, con lo que se procuraba llenar un hueco espiritual que la Iglesia tradicional había dejado vacante.

A pesar de aquella orientación metafísica, desde 1904 Madero comienza a orientarse a la política, tal vez buscando trascender su labor filantrópica particular en una forma más amplia y organizada de transformación social, creando la primera de sus células políticas, que fue el Club Democrático Benito Juárez, donde él fungió como presidente, tomando con ello la primera iniciativa política, en un proceso que ya no terminaría sino hasta el ascenso a su efímero mandato presidencial.

En Coahuila, este grupo edita una publicación periódica a la que llamaron *El Demócrata*, apareciendo, en su primer número un artículo de Madero que tituló *Vox Populi, Vox Dei* (La voz del pueblo es la voz de Dios), en donde expresa con toda valentía sus puntos de vista respecto de las libertades civiles, del voto, del respeto a los derecho humanos y de otros temas que en esos momentos resultaban particularmente delicados, pues el régimen comenzaba a sentir grandes oleadas de insatisfacción popular y tomaba ya las medidas represivas pertinentes.

En 1905, Madero tuvo contacto con la Junta Organizadora del Partido Liberal Mexicano y se entusiasmó con sus propuestas, por lo que apoyó económicamente para la publicación del periódico *Regeneración*; sin embargo, después retiró su apoyo por diferencias ideológicas con Ricardo Flores Magón y su grupo de tendencia radical, que veía en Madero a un idealista sin una filosofía social definida. Sin embargo, Madero estaba más cerca de las realidades humanas y de las necesidades prácticas de la política que de las ideas filosóficas, como lo demuestra en su inflamada participación en la contienda electoral para la gubernatura del Estado de Coahuila, donde Madero se manifiesta como opositor a ultranza de la política de imposición de gobernadores que ejercía el régimen de Díaz, comenzando así su carrera política en la práctica, ya como protagonista y no como seguidor de otros. En 1905 funda el "Club Democrático Benito Juárez" (que sería el antecedente de sus famosos "clubes antirreleccionistas), y edita el periódico *El Demócrata*, todo con la finalidad de crear una base política para participar en las elecciones, realizando una Convención a la que estaban invitados todos los personajes de importancia de Coahuila, a la manera tradicional, es decir, de manera aceptable para el régimen; pero Madero lanza una iniciativa inusitada, revolucionaria y ciertamente retadora: la Convención debía realizarse al margen del gobierno federal, en Torreón y sin someterse a la anuencia de Porfirio Díaz. El discurso en el que Madero hace dicha propuesta representa una denuncia explícita al régimen, presentando ya una clara actitud revolucionaria. He aquí algunos fragmentos de ese discurso:

> *Señores, en este momento tenemos que resolver un problema de vital importancia para nuestro Estado y para la República en general; no hay que hacernos ilusiones; escoger entre México y el Estado de Coahuila para reunir nuestra convención es escoger entre el antiguo sistema de servilismo y cobardía que nos ha dado tantos amargos frutos y el sistema que queremos implantar los coahuilenses de dignidad y de valor, para ponernos frente a frente ante el gobierno dictatorial que oprime nuestra infortunada patria, y arrancarle de sus manos la soberanía de nuestra patria, y arrancarle de sus manos la soberanía de nuestro Estado, que ha usurpado.*

Señores, es indispensable pensar con serenidad la resolución que vamos a tomar. Ir a México es ir a doblegarnos ante el déspota, es ir a besar la mano que nos oprime, es reconocer al Dictador el derecho de inmiscuirse en nuestros asuntos internos, es sancionar la costumbre de irle a suplicar que nos cambie de gobernador, cuando somos nosotros los únicos que tienen derecho a hacerlo, y, por último, es darle el golpe de gracia a la soberanía de nuestro Estado. Nosotros no podemos, no debemos hacer eso; nosotros, que en este momento somos los representantes genuinos del pueblo, defender sus derechos, si necesario es, a costa de nuestras vidas. El sagrado depósito que nos han confiado nuestros conciudadanos, poniendo en nuestras manos sus destinos, debe darnos una idea más elevada de nuestra misión, debe hacernos comprender que, como representantes del pueblo de Coahuila, no podemos humillarnos ante el tirano que ha pisoteado nuestras leyes, que ha usurpado nuestros derechos, que ha matado nuestras libertades y a nuestro civismo.

Señores, a México nos llevaría la esperanza de un triunfo fácil, pero ese triunfo, si no lo llegamos a obtener de tal modo, será haciendo el doloroso sacrificio de nuestra dignidad y de la soberanía de nuestro Estado. Ir a México es perder simpatías, y quizá la admiración de la República, que ansiosa sigue las peripecias de nuestra lucha, esperando ver en nuestro triunfo el primer golpe asestado a la tiranía, golpe que prepara su propia ruina.

La República ha hecho causa común con nosotros; en este momento nos ayuda con sus simpatías; al ser necesario, nos ayudará de un modo más efectivo, pues el malestar general que se nota en todas partes es indicio seguro de que el pueblo mexicano está inflamado de justa indignación contra la tiranía y que sólo espera una oportunidad para hacer valer sus derechos. Yendo a México, volveremos con promesas del caudillo (eso es absolutamente seguro), pero esas promesas no nos darán ninguna seguridad en el triunfo; cuando más, si llegamos a creer en ellas, será para embotar nuestras fuerzas y nuestra energía, haciéndonos creer que "nuestro negocio ya

*está arreglado". En cambio, esa humillación nos despresti-
giará ante nuestros combatientes y causará una dolorosa
decepción a la República en general, que habrá visto desva-
necerse su última esperanza de redención, que habrá visto, con
dolor, caer entre las redes de la política porfirista a los
coahuilenses, en cuya altivez y en cuyos valores cifraba sus
ensueños de libertad.*

*Además de todo eso, habremos perdido ante los ojos del
mismo Dictador, que siempre mide el valor de sus enemigos
para hacerles concesiones según su poder; pues desde el momento en que nos acerquemos a él, comprenderá que somos
unos cobardes, muy poco temibles, y dignísimos del desprecio
con que nos tratará... En este momento nuestra fuerza consiste en una actitud digna y viril que hemos asumido, y todos
los satélites de Díaz quieren atraernos a su lado, haciéndonos promesas halagadoras; promesas que también recibieron
los ciudadanos de Durango, los de Nuevo León, y que sólo
sirvieron para hacer más ridícula y más sangrienta su derrota. Nosotros no debemos mendigar ayuda de nadie; nuestra
dignidad nos lo prohíbe, el triunfo de nuestra causa así lo
requiere. Aceptar la ayuda interesada de Corral es ponernos
en sus manos y hacer que nuestro Estado le sirva de primer
escalón para encumbrarse a la Presidencia de la República; es
tanto como ayudar a sostener una nueva dictadura en nuestro
país; es ponernos al lado de los dictadores de la patria; en
una palabra, es convertirnos en serviles instrumentos de la
tiranía, en vez de ser los campeones, los mártires, si necesario fuere, de la causa santa de la LIBERTAD.*

Fracasado el intento de separatismo político y autoafirmación
del Estado de Coahuila, Madero se retira a su feudo de La Laguna y comienza a escribir su famoso libro *La sucesión presidencial* en el que prácticamente le "toma la palabra" a Porfirio Díaz
y se asume como representante de esa madurez política que
ahora ya no sólo anhela la libertad, sino que la exige, y la pos-
tula en la forma de una democracia representativa que de voz y
voto a todos los ciudadanos, rompiendo con el esquema tradi-

En enero de 1908, Porfirio Díaz concedió una entrevista, al periodista norteamericano Creelman, en la que destacan las siguientes afirmaciones:

—Es cierto que no hay partidos de oposición, tengo tantos amigos en la República que mis enemigos no se muestran deseosos de identificarse con la minoría. Aprecio la bondad de mis amigos y la confianza que en mí deposita el país; pero una confianza tan absoluta impone responsabilidades y deberes que me fatigan más y más cada día. Tengo la firme resolución de separarme del poder al expirar mi periodo, cuando cumpla ochenta años de edad, sin tener en cuenta lo que mis amigos y sostenedores opinen, yo no volveré a ejercer la presidencia.

—Mi país ha depositado en mí su confianza, han sido bondadosos conmigo; mis amigos han alabado mis méritos y han callado mis defectos; pero quizá no estén dispuestos a ser tan generosos con mi sucesor, y es posible que él necesite de mis consejos y de mi apoyo; por esta razón, deseo estar vivo cuando mi sucesor se encargue del gobierno.

—Si en la república llegase a surgir un partido de oposición, lo miraría como una bendición y no como un mal, y si ese partido desarrollara poder, no para explotar, sino para dirigir, yo lo acogería, lo apoyaría, lo aconsejaría y me consagraría a la inauguración feliz de un gobierno completamente democrático.

cional de las elites gobernantes. Uno de los grandes méritos del libro de Madero era su estilo claro y sencillo, en el que se manejan propuestas tan puntuales que podían ser comprendidas y asimiladas por cualquier persona y repetidas de viva voz, con lo que se tenía una forma de ideología práctica y vivaz, que podía convertirse en un rumor popular lleno de sentido, pues de lo que se trataba, en primera instancia, era de acabar con lo viejo y dar acceso a lo nuevo, siendo el primer paso del advenimiento de lo nuevo el respeto al voto y el impedimento de que personas o grupos se entronizaran en el poder; es decir: *sufragio efectivo y no reelección.*

MADERO VISITA PUEBLA
Samuel Margarito Lozano

Primero de mayo, fecha memorable
ante un candidato,
hombre respetable,
el pueblo estuvo a sus pies.

Sólo a don Muncio Martínez
y a esbirros de Joaquín Pitas,
de don Francisco I. Madero
no fue grata su visita.

Ciudadanos libres del estado de Puebla,
amigos del pueblo entero,
querían que en su jira, corta y pasajera,
viniera el señor Madero.

Los tres hermanos Serdán
con los hermanos Russell,
organizaron un mitin
en la plaza San José.

Cuando había reunidos muchos ciudadanos
en el mitin de aquel día,
pronto fue disuelto por muchos soldados
y toda la policía.

Madero siguió su jira,
cruzando nuestro país,
hasta que fue capturado
en la ciudad de San Luis.

Madero es hombre de la circunstancia,
Madero es valor y ciencia,
por eso las flores le dan su fragancia,
¡que viva la independencia!

Desde el Bravo hasta el Suchiate,
se muestra al pueblo altanero,
gritando por todas partes:
"¡Viva Francisco I. Madero!"

Señores, mi canto es canto sincero,
mi canto es de patriotismo,
le canto a mi patria, le canto a Madero
y al antirreeleccionismo.

El pueblo humilde y sufrido
piensa empuñar el acero,
guiado por un buen caudillo,
que es don Francisco I. Madero.

En su libro, Madero expresa veinticinco tesis cortas, de entre las que destacan las siguientes:

- Nuestra guerra de Independencia y la que sostuvimos contra Napoleón III nos legaron la plaga del militarismo.
- Al militarismo se debe la dictadura del general Díaz, que ha durado más de treinta años.
- Esta dictadura restableció el orden y cimentó la paz, lo cual ha permitido que llegue libremente a nuestro país la gran oleada de progreso material que inunda al mundo civilizado, desde mediados del siglo último.
- Todo hace creer que si las cosas siguen en tal estado (prolongación de la dictadura), el general Díaz, ya sea por convicción o por condescendencia con sus amigos, nombrará como su sucesor a alguno de sus allegados, el que mejor pueda seguir su misma política, con lo cual quedará establecido de un modo definitivo el régimen de poder absoluto.
- El único medio de evitar que la república vaya a ese abismo es hacer un esfuerzo entre todos los buenos mexicanos para

organizarse en partidos políticos a fin de que la voluntad nacional esté debidamente representada y pueda hacerse respetar en la próxima campaña electoral.

- El que mejor representa las tendencias actuales es el que propongo: el Partido Antirreleccionista, con sus dos principios fundamentales: libertad de sufragio y no reelección.
- En caso de que el general Díaz se obstinare en no hacer ninguna transacción con la voluntad nacional sería preciso volver a luchar abiertamente en contra de las candidaturas oficiales.

Con base en la amplia difusión de su libro y el protagonismo político que se ha creado a partir de sus artículos en diversos medios y sus presentaciones públicas, Madero decide lanzarse a la lucha electoral por la presidencia de la República en 1910, como candidato del Partido Antirreleccionista, cuya Convención se realiza en la ciudad de México el 17 de abril, definiéndose como candidato a la Presidencia de la República a Francisco I. Madero y a la Vicepresidencia a Francisco Vásquez Gómez.

Así comenzó la exitosa campaña electoral de Madero, lo que sin duda preocupaba mucho al grupo en el poder, por lo que decidieron recurrir al juego sucio y elemental que les había funcionado durante treinta años, de manera que el 15 de junio Madero fue arrestado en Monterrey por la policía secreta de Díaz, por el cargo de "oponerse a la autoridad", y el 21 de ese mismo mes fue trasladado a San Luis Potosí, donde se aumentaron los cargos, atribuyéndole "conato de rebelión y ultraje a las autoridades". Una vez ahí, se le concedió libertad condicional, y la condición era que no podía salir de la ciudad. Simultáneamente, el régimen procedió a callar toda forma de protesta pública, clausurando las publicaciones de oposición y encarcelando o amenazando a los líderes de opinión.

El 16 de septiembre de 1910, el general Díaz se dirigió al congreso para señalar que las elecciones se habían celebrado en calma en todo el país y que se estaban realizando los recuentos correspondientes. Ocho días después, la Cámara de

Diputados y el Congreso Electoral se reunieron para dictaminar sobre las elecciones y el 4 de octubre Díaz y Corral fueron declarados reelectos.

Lo único que quedaba para Madero en esas circunstancias era fugarse de su confinamiento en la ciudad de San Luis, y comenzar el proceso revolucionario que ya había concebido. El 16 de abril, contando con la ayuda de un empleado suyo, Julio Peña, y disfrazado de empleado de ferrocarriles, logró escapar, y el 7 de octubre cruzó la frontera para trasladarse a San Antonio, Texas, donde se encontraba el centro de operaciones de los exiliados políticos, mismos que estaban dispuestos a impulsar la Revolución armada, por lo que suscriben un proyecto auténticamente revolucionario que Madero llama "Plan de San Luis", pues, al parecer, fue redactado por él mismo durante su prisión en San Luis Potosí. Ahí se fija la fecha del 20 de noviembre de 1910 para dar comienzo a la lucha armada, por lo que esa fecha se ha consagrado como el símbolo conmemorativo de la Revolución Mexicana.

CORRIDO DE LA TOMA DE CIUDAD JUÁREZ
Eduardo Guerrero

Tiró la máscara el señor Porfirio Díaz
y a Madero quiso con sus esbirros aprehender,
mas don Francisco supo esta artería
y de San Luis salióse, lográndose esconder.

Un reto al dictador lanzóle muy valiente,
firmando allí ese plan llamado de San Luis
llegó hasta la frontera, siguióle mucha gente
y a la nación vecina pasóse sin desliz.

Del Paso con sigilo comunicóse luego
con Villa y con Orozco que ya se habían alzado,
reunieron mucha gente, pasaron armamento,
y Ciudad Juárez mandó fuése atacado.

Sitiaron esa plaza las fuerzas maderistas
y comenzó el asedio con saña sin igual,

combatiendo con brío a las fuerzas gobiernistas
que eran soldados leales que no tenían rival.

Mandaba aquella plaza el general Navarro,
un viejo y entendido valiente militar,
con cinco mil soldados muy bien abastecidos
que nunca se creía habrían de derrotar.

Combates se tuvieron a diario muy reñidos,
que hacían a los sitiados perder serenidad,
mas se supo que estaban ya cortados
de Chihuahua Torreón y de esta capital.

Sabiendo esto Madero, después de consultar
con Villa y con Orozco, deciden el ataque,
y un asalto formal se dispone esa noche
con cinco mil valientes, cargando mucho parque.

Navarro no se arredra y acude a todas partes,
defiende muy valiente la importante ciudad,
pero los maderistas, peleando como leones,
avanzan con esfuerzo, gritando "¡libertad!"

Retroceden las tropas creídas invencibles
haciendo de la Aduana el último fortín,
y al acabar su parque quedaron prisioneros
y el general Navarro no pudo ya huir.

Don Panchito Madero, magnánimo y patriota,
a nadie quiso que hicieran ya morir,
y tuvo que obligar a Villa y a Orozco
a que ningún vencido lo hicieran sucumbir.

La toma de este punto hizo avivar la hoguera,
México entusiasmado alzóse de uno a otro confín,
y el presidente Díaz salióse de esa tierra
para, en país extraño, tener su triste fin.

Los hombres poderosos no olviden la lección,
ni crean que en este mundo nunca acaba el poder,

que recuerden siempre a don Porfirio Díaz
que un soplo del Eterno lo hizo a la tierra caer.

Aquí termina esta corta y mala narración
de la batalla mayor que hubo en esta guerra,
que obligó a caer a un gobierno de treinta años
y de ejemplo servirá a los tiranos de la tierra.

A principios de mayo de 1911, el avance revolucionario en el norte y el sur del país, obligó a Porfirio Díaz a tratar de obtener una paz convenida, enviando emisarios para parlamentar con los cuadros maderistas que se encontraban atrincherados en las afueras de Ciudad Juárez, apoyados por las fuerzas de Pascual Orozco y Francisco Villa, quienes, por acciones revolucionarias, habían sido ascendidos a General de Brigada y coronel, respectivamente.

El 7 de mayo, Madero anunció que marcharía sobre el sur del país, mientras que un manifiesto suscrito por el coronel federal Manuel Tamborell, en el que se ofendía a los rebeldes, azuzó a los jefes maderistas a atacar Ciudad Juárez, plaza que estaba defendida por dos jefes, 39 oficiales y unos 850 soldados dirigidos por el general Juan J. Navarro. El combate por Ciudad Juárez se prolongó hasta el 10 de mayo y en el mismo murió el coronel Tamborell y el general Navarro fue hecho prisionero.

La toma de Ciudad Juárez fue la acción de armas más importante del periodo maderista de la Revolución y dio lugar a la disposición del gobierno de Días para entrar en negociaciones; sobre todo considerando que no es un hecho aislado, sino la muestra índice de que lo que estaba ocurriendo en México era un movimiento popular de gran envergadura, y cuya represión militar se tenía que concebir como algo prácticamente imposible.

Para mayo de 1911 los maderistas durangueños y coahuilenses habían ocupado varias poblaciones de sus respectivos estados, entre ellas las aledañas a la ciudad de Torreón, Coahuila; Matamoros, Ciudad Lerdo y Gómez Palacio, entre otras. Los rebeldes de Coahuila: Sixto Ugalde, Adame Macías y Benjamín

Argumedo, dirigidos por Emilio Madero comenzaron el asedio de la ciudad de Torreón, a principios de mayo de 1911; para el 5 de mayo se unieron a los sitiadores las fuerzas de Jesús Agustín Castro. En total, los maderistas contaban con unos 4,000 hombres.

Los ataques a Torreón se iniciaron formalmente el 9 de mayo y se prolongaron hasta el día 15, fecha en que los federales desalojaron la ciudad con rumbo al cañón del Huarache.

El general Lojero había azuzado a los colonos chinos de la ciudad de Torreón en contra de los maderistas, e incluso les facilitó armas; esto causó que, al tomar la plaza abandonada por los federales, los maderistas fueran atacados por los orientales. Los maderistas respondieron al ataque, y en la refriega murieron alrededor de 200 individuos de la colonia china, quienes se convirtieron en mártires inconscientes de una causa que no era suya. Después de esta extraña batalla, los maderistas se dieron a la persecución de los federales.

Ante estos hechos el gobierno de Díaz tuvo que deponer su actitud combativa y proponer una negociación que bien podía interpretarse como una claudicación, pues los dos puntos principales de entrada estaban ganados: *Porfirio Díaz renunciaría y se convocarían elecciones libres y democráticas.* Así las cosas, la Revolución iniciada en noviembre de 1910 había terminado triunfante en mayo de 1911.

El 31 de mayo de 1911, en el puerto de Veracruz Porfirio Díaz se embarcó en el vapor *Ipiranga,* con destino a su exilio en Francia, siendo despedido por la alta sociedad veracruzana y por aquellos que habían viajado desde la ciudad de México para dar rienda suelta a la melancólica añoranza de unos tiempos que ellos habían vivido como un sueño romántico, en un país que comenzaba a despertar.

¡HASTA LA TIERRA TEMBLÓ!
Anónimo

Amigo te contaré,
lo que el día siete acaeció,

¡que al llegar el gran madero!
hasta la tierra tembló!

Inmortal siete de junio,
porque ninguno sabía
que por voluntad de Dios
la aurora saludaría.

¿Qué dices mano?, ¿qué dices?
¡La divina voluntad
nos ayudó a que Madero
entrara en la gran ciudad!

Y decían unos que sí,
y otros decían que ¡no, no!
¡Lo cierto es que a su llegada
hasta la tierra tembló!

¡Échate la otra y no olvides
lo que el día siete pasó!,
que al acercarse Madero
¡hasta la tierra tembló!

A las dos llegó en un tren
y todo el mundo aplaudió,
sería la voluntad de Dios,
¡que hasta la tierra tembló!

Y las máquinas silbaban,
y flotaban pabellones,
las campanas repicaban,
y latían los corazones.

¡Mejor no me lo recuerdes!,
y eso la historia grabó,
¡qué dichas las de Madero,
que hasta la tierra tembló!

Al saber que ya venía,
la gente se conformó:
todo fue una pesadilla
y el susto se le acabó.

El 7 de junio de 1911, Madero hace su entrada triunfal en la ciudad de México, lo que fue todo un acontecimiento popular, algo que la ciudad no había vivido desde hacía tanto tiempo como había durado la "paz porfiriana" y una estabilidad social que tenía sus cimientos en la sojuzgación de las grandes mayorías y la represión de los disidentes. De cualquier manera, para los tranquilos habitantes de la capital del país aquella mañana todo se cimbró, y no solamente por la inminente llegada del líder de la Revolución, sino porque ocurrió un sismo de regular magnitud, lo que parecía una manifestación de lo que estaba ocurriendo en la historia de México, y un presagio de lo que vendría después.

El dictador ya no estaba, pero los tratados de Ciudad Juárez permitieron que los grupos reaccionarios siguieran en el poder. Francisco León de la Barra fue el instrumento de los conservadores para socavar el triunfo armado de la Revolución. Por si esto fuera poco, Madero entró en conflicto político con Vásquez Gómez, su compañero de planilla, y para deslindarse de él disuelve el Partido Nacional Antirreeleccionista y en su lugar crea el Partido Constitucional Progresista, postulándose para la presidencia por ese partido, con Pino Suárez como vicepresidente. El efecto de esa medida fue la división de los partidarios de la causa revolucionaria y el debilitamiento de su propia plataforma política.

De cualquier manera, la campaña resulta exitosa y Madero alcanza el triunfo electoral, pero en condiciones vulnerables, por lo que, tal vez como una medida obligada o con un afán conciliatorio, Madero forma su gabinete con personajes de indudable fuerza política, pero de ambigua filiación ideológica, lo que aumenta el desconcierto de sus partidarios. En la Secretaría de Gobernación designa a Abraham González; en Relaciones a Manuel Calero; en Justicia a Manuel Sánchez Tagle; en Instrucción Pública a Miguel Díaz Lombardo; en Fomento a Rafael Hernández; en Comunicaciones a Manuel Bonilla, a Ernesto Madero en Hacienda y a José González Salas como Secretario de Guerra.

En sus orígenes, el movimiento antirreleccionista era de índole reformista y no propiamente revolucionario, pero la retórica de Madero y sus seguidores había causado un efecto emocional en el pueblo y una esperanza algo más que "progresista" en las clases medias cultivadas; es decir, la Revolución se había echado a andar casi por sí sola, catalizada por el propio Madero al calificar abiertamente al régimen de Díaz como una forma de dictadura y despotismo, y proponerse él mismo y su partido en el camino hacia la libertad. Sin embargo, con excepción de Abraham González, Bonilla y Díaz Lombardo, los demás miembros del gabinete presidencial eran reconocidos personajes afines al porfiriato y nada proclives a un cambio auténticamente revolucionario. Fue así como se comenzaron a producir rebeliones de diversos tonos y motivos: Zapata se alza en el sur enarbolando la bandera agraria del Plan de Ayutla; desde los Estados Unidos, los hermanos Vázquez Gómez elaboran el Plan de Tacubaya; el general porfiriano Bernardo Reyes encabeza una sublevación evidentemente reaccionaria; en el norte se levanta Pascual Orozco por su lado y Félix Díaz, por el suyo; ante tales amenazas, el general Victoriano Huerta se convierte en el brazo armado del gobierno de Madero, logrando sofocar varios de los movimientos mencionados, pero convirtiéndose él mismo en el mayor peligro, a causa del poder que logró acumular durante el año y tres meses que duró el gobierno que él mismo canceló a sangre y fuego.

TRISTE DESPEDIDA DEL GENERAL DÍAZ A LA NACIÓN MEXICANA
Anónimo

Por fin llegó la hora
en que dejara el poder,
que México me exigió
para ya nunca volver.

Las medallas y las cruces
con que mi pecho adornaba

ya no dan ningunas luces
para el plan que yo deseaba.

Mi espada de hoja tan fina,
con su puño de brillantes,
la mandaré a la Gran China,
empacada con mis guantes.

En la República entera
todos dicen que obré mal,
por consejos que me daba
el malvado de Corral.

Adiós República hermosa,
trono de mi mal gobierno,
Oaxaca, ciudad preciosa,
donde pasaba el invierno.

Adiós bravos militares,
a los que di tanta maña,
creyendo que serían leales
al tiempo de la campaña.

De Navarro nada digo,
porque murió con honor,
pues mucho trabajó
para ganar mi reelección.

Si yo pudiera agarrar
en mis manos a Lojero
le diría sin titubear
que es un viejo patrañero.

Engañó a su presidente
en quien cegó su confianza
por tener llena la panza
y tomar mucho aguardiente.

Adiós hermoso Torreón,
ya no te veré a mis plantas

supuesto que te quitaron
los de la no reelección.

Ramón Corral me decía
que con su sagaz astucia
a mis plantas me pondría
al Imperio de la Rusia.

Y todos los sinvergüenzas
que mi gobierno formaban
los mandaré en hora mala
porque siempre me engañaban.

Los hijos de Zacatecas
siempre me quisieron mal
y yo les cargué la mano
para poderme vengar.

Compadre Manuel González
que me dejaste en la silla,
quítame esta pesadilla,
que me causa tantos males.

Perdón pues, México hermoso,
de lo mucho que abusé,
pues ya vi la realidad,
y me pasa no sé qué.

Si yo pudiera volar
para España y para China,
entonces sí que podría,
a México dominar.

Yo sí estoy fuera de sí,
y loco me vuelvo ya
al pensar que no concedí
verdadera libertad.

Ya toditos mis pelones
se acabaron por completo,

pues en Torreón se aflojaron
hasta de los pantalones.

El que compuso estos versos
es un pobre pordiosero,
que llena su corazón
con el nombre de Madero.

"¡Viva Francisco I. Madero,
Pascual Orozco en seguida,
vivan Castro y Sixto Ugalde,
al albor de la mañana!"

Y en todo los acompañe
la Reina Guadalupana.

Uno de los actores de aquel drama fue Federico González Garza, quien cuenta los hechos de la siguiente manera:

A las cuatro de la mañana (febrero 3 de 1913) *fue a despertarme a mi casa el señor vicepresidente de la República, Pino Suárez, diciéndome, con la mayor alarma retratada en el semblante: "¡Qué no sabe usted que acaba de pronunciarse el general Mondragón en Tacubaya? Se me asegura que en estos momentos tiene ya lista la artillería de un regimiento y que están encendidos los fanales de varios automóviles, listo par salir para esta capital con el propósito de poner en libertad al general Bernardo Reyes, que está en la prisión de Santiago". Inmediatamente salté de la cama, me lancé al teléfono para llamar al inspector general de Policía, el mayor Emiliano López Figueroa, quien en pocos minutos me confirmó la noticia. Llamé en seguida a la Prefectura de Tacubaya y pronto recibí igual confirmación. Dudando aún de la verdad de la noticia, violentamente nos trasladamos en su auto el señor Pino Suárez y yo al Palacio Nacional, en busca del comandante militar de la plaza, y nuestra sorpresa fue grande cuando al llegar a la puerta de honor del mismo*

*palacio vimos cómo desembocaban carabina en mano, a ca-
ballo y envueltos todavía por las sombras de un incipiente
amanecer, los alumnos de la Escuela de Aspirantes, a quienes
en mala hora gente infame había corrompido, y que, des-
prendiéndose de Tlalpan, venían a apoderarse de Palacio,
iniciando su carrera militar con un acto indigno de desleal-
tad hacia las supremas instituciones de la República. Nuestro auto estuvo a punto de chocar con la falange rebelde,
pues de no haber verificado nuestro chofer un movimiento
habilísimo con su máquina, emprendiendo en seguida una
veloz carrera para dar la vuelta al Palacio por la calle de
Moneda, se nos hubiera fácilmente reconocido y habríamos
caído fácilmente prisioneros en sus manos.*

*Tenía ya la prueba evidente que buscábamos, y para to-
mar las providencias que eran propias de mi función nos di-
rigimos a la Inspección General de Policía, ya que no nos fue
posible encontrar al comandante militar. Allí se despidió de
mí el señor Pino Suárez y en seguida, después de hablar con
el señor presidente por teléfono, me puse de acuerdo con el
inspector y dispusimos que se concentraran en Chapultepec,
en donde vivía el señor Madero, los dos batallones de seguridad y los dos regimientos de la gendarmería montada, pues
era posible que los alzados intentaran un ataque a Chapultepec, hallándose en ese punto tan cerca de Tacubaya.*

*A las seis de la mañana al lado del presidente, acompa-
ñado del Inspector General de Policía, encontrándome al
señor Madero tomando todos los datos que podía recoger,
antes de partir para el Palacio Nacional, asiento oficial del
gobierno.*

*Mientras tanto, Mondragón, con su artillería, llegaba
hasta la prisión de Santiago y ponía en libertad al general
Reyes, a quien encontraron ya en traje de campaña. De allí
se dirigieron a la penitenciaría, para liberar a Félix Díaz;
pero antes de entregarlo habla conmigo el director del establecimiento y me dice:*

*Frente a esa prisión se halla en actitud amenazante, con
toda su artillería, el general Mondragón, acompañado del*

general Reyes y me exige la inmediata liberación de Félix Díaz. No tengo para defenderme más de doscientos hombres, creo que la resistencia y cualquier sacrificio serían inútiles; ordéneme usted lo que debo hacer.

Al mismo tiempo que eso ocurría se habían ido reuniendo al pie de Chapultepec las fuerzas a las que antes he aludido, más todos los alumnos del Colegio Militar, que estaban listos para defender al gobierno constituido. A la sazón se estaban dando las últimas disposiciones antes de partir, y entonces, comprendiendo lo ventajoso que sería impedir que los pretorianos llegaran a Palacio antes que el señor presidente, contesté al director de la penitenciaría, de acuerdo con aquel magistrado: "Resista usted todo lo que pueda sin sacrificar a la guardia y valiéndose de cuantos medios diplomáticos tenga a su alcance".

En seguida, y en medio del mayor entusiasmo para batir a los rebeldes, descendió el señor Presidente del Castillo de Chapultepec montado en un magnífico caballo, después de haber arengado con el calor con que sabía hacerlo en las circunstancias difíciles a los alumnos del Colegio Militar, aumentando con sus palabras el seguimiento de adhesión y fidelidad hacia un gobierno de cuyo origen legítimo estaban perfectamente persuadidos.

Fue en el trayecto de toda la calzada de Reforma que se fueron incorporando a nuestra columna todos los ayudantes del Estado Mayor del presidente, varios ministros y numerosísimos amigos leales que querían correr la misma suerte que el jefe supremo de la República, en aquellos solemnes momentos en que el encono de la pasión política, el rencor de los vencidos y el ansia de restauración, experimentada por una minoría que nunca supo amar al pueblo, de una dictadura que éste odiaba había llegado a su máximun, sin comprender la reacción que todos sus esfuerzos serían vanos, pues el mismo pueblo había saboreado a sus anchas todas las libertades que fueron incapaces de concederles el viejo dictador con su cohorte de procónsules.

Fue también allí cuando se acercó el señor Presidente, sin que éste lo hubiera llamado, y entre los muchos amigos que se iban presentando para ponerse a sus órdenes, su falso amigo Huerta, quien, bajando de un coche de sitio y cubiertos los ojos con unos espejuelos negros, quizá menos que su conciencia, se venía a poner a su disposición ahora que no tenía mando y con el pensamiento oculto de aprovechar esa oportunidad, que ya venía buscando, para dar un golpe de muerte al que había sabido derrumbar al militarismo, representado por el viejo dictador Díaz.

No estando presente el comandante militar, general Lauro Villar, por hallarse en Palacio, las fuerzas que acompañaban al señor presidente iban a las órdenes del general Ángel de la Peña, ministro de la Guerra, quien se había incorporado antes que Huerta y había puesto al tanto al señor Madero de lo ocurrido en Palacio, al ser desarmados los aspirantes por dicho comandante militar. El entusiasmo del pueblo al paso del señor presidente iba cada vez más en aumento y la columna avanzó sin novedad por la avenida Juárez hasta llegar frente al Palacio Nacional, en donde tuvo que hacer otro alto porque comenzó a escucharse nutridísimo fuego de fusilería en dirección de las calles de Plateros y Palacio; pero sin que por el momento pudiera localizarse con precisión de dónde partía.

Esto fue la causa de que se originara cierta confusión en la columna y en toda la comitiva, y desde luego le hizo ver al señor Madero que no debía avanzar hasta que se hiciera una exploración en las calles adyacentes y en las avenidas del Cinco de mayo y del Dieciséis de septiembre. Entonces descendió de su caballo, y mientras se hacía esa exploración, él y todos los que lo acompañábamos, entre los que se encontraban ya los ministros Manuel Bonilla, Ernesto Madero y Rafael Hernández, nos replegamos hacia la acera oriente de la antigua calle de Santa Isabel (hoy del Teatro Nacional), entre San Francisco y Cinco de mayo.

Allí se discutió, con calor y entre un verdadero desorden, si el señor presidente debía entrar al Palacio o regresar a

Chapultepec. El ministro de la Guerra era de la primera opinión, y Huerta de la segunda, porque decía que el presidente de la República no debía exponerse como lo estaba haciendo el señor Madero. La confusión seguía aumentando y llegó a advertirse que parte de un cuerpo de caballería, sin saber quién lo ordenaba se desprendió del núcleo y a galope tomó la calle de San Juan de Letrán, a la vez que se veía atravesar por las calles de Dieciséis de septiembre, en vertiginosa carrera, a muchos caballos sin jinete, pertenecientes a las fuerzas rebeldes que, al frente del general Reyes, se habían presentado minutos antes frente al Palacio, habiendo sido rechazados y cayendo acribillado por las balas de una ametralladora el mencionado general.

Se hacía necesaria, por lo tanto, una acción decisiva, tanto más cuanto que una bala que se supo había partido de los balcones del edificio de la Mutua, para herir de muerte al señor Madero, había hecho rodar por tierra a un gendarme que estaba a su lado. El ministro de la Guerra no acertaba a dar un pronto desenlace a aquella insegura situación. Huerta, por otra parte, seguía insistiendo en que debía hacerse alto, en lo que no estaba de acuerdo De la Peña; hasta que Huerta, comprendiendo que había llegado la oportunidad que ambicionaba, dijo con resolución y audacia al señor Madero:

¿Me permite usted, señor presidente, que yo me haga cargo de todas esas fuerzas para disponer lo que yo juzgo que debe hacerse para la defensa de usted y de su gobierno? El ministro de la Guerra cometió entonces la imperdonable debilidad de no hacer observación alguna a lo que Huerta solicitaba, abdicando sin razón de su autoridad militar y permitiendo con ello, él que sabía quién era Huerta y los malos pasos en que andaba, que se consumara la primera parte del plan que aquel militar traidor se había trazado para aniquilar al magnánimo presidente que poco antes le había otorgado la banda azul de General de División.

El señor Madero, viendo que De la Peña no dominaba la situación, ni hacía oposición alguna ni tampoco ninguno de los ministros que lo rodeaban, no tuvo más que ceder, dejándose guiar por su excesiva buena fe y confiando en su buena estrella, que hasta entonces parecía no haber abandonado.

Esta es una descripción exacta de una parte de los hechos que se verificaron durante la mañana del primer día de aquella decena trágica, que concluyó con el asesinato del señor Madero, su hermano Gustavo y su vicepresidente Pino Suárez.

No fue el señor Madero, en consecuencia, quien llamó a Huerta para que salvara a su gobierno; fue este hombre falso quien astutamente logró engañar a aquel a quien le juró muchas veces, bajo su palabra de honor militar y por las cenizas de su madre, que era su leal amigo.

Después de estos hechos se consuma el crimen. Primero es asesinado Gustavo y después, la noche del veintiuno de febrero, el propio don Francisco I. Madero y José María Pino Suárez, previa renuncia a la Presidencia y a la Vicepresidencia, que se les obligó a firmar. Todos están de acuerdo en que esa fue la noche más triste de la historia de México.

Gustavo Madero (1875-1913)

Negociante y político nacido en la hacienda del Rosario, Coahuila. Organizador financiero de la campaña presidencial de su hermano Francisco. Representó al movimiento revolucionario de 1910 en Estados Unidos. Fundó el Partido Constitucional Progresista y gozó de gran influencia en la Cámara, donde era diputado. Fue embajador especial en Japón, con motivo del agradecimiento que nuestro país daba al Emperador por su participación en las fiestas del Centenario de la Independencia. Durante los acontecimientos de la Decena Trágica fue aprehendido y asesinado en La Ciudadela, junto con Adolfo Basso, intendente de Palacio.

José María Pino Suárez (1869-1913)

Nacido en Tenosique, Tabasco. Publicó dos volúmenes de poesía: *Melancolías* (1896) y *Procelarias* (1908). Participó activamente en la campaña política de Francisco I. Madero como miembro del Partido Antirreeleccionista que organizó en los estados de Tabasco y Yucatán. Madero lo nombró secretario de Justicia al constituirse el gabinete provisional en Ciudad Juárez. Se organizó en 1911 el Partido Constitucional Progresista con la planilla Madero-Pino Suárez par la presidencia y la vicepresidencia. Ocupaba ese cargo cuando fue asesinado junto con Madero en la ciudad de México.

Pedro Antonio de los Santos (1887-1913)

Revolucionario nacido en Tampamolón, San Luis Potosí. Fue orador de la campaña maderista. Marchó a los Estados Unidos porque era perseguido y regresó al triunfar la Revolución. Fue detenido junto con el presidente Madero en 1913, liberado y vuelto a aprehender en Tampico. Murió fusilado en Tancanhuitz, San Luis Potosí.

Felipe Carrillo Puerto (1872-1924)

Nacido en Mérida, Yucatán, en 1910 se enroló en las filas del maderismo en su tierra natal, pero el escaso apoyo a la Revolución en Yucatán lo obligó a desterrarse. Al volver a México colaboró con el general Salvador Alvarado para implantar reformas sociales. Se le llamó "Apóstol de la raza", por su decidida defensa de los indígenas. En 1919 se hace miembro del Partido Comunista Mexicano, y funda el Partido Socialista de Yucatán y el Partido Socialista del Sureste. Apoyó a Obregón en 1920. Se convirtió en gobernador de Yucatán en 1922 y promulgó las leyes de previsión social, del trabajo, del inquilinato, de expropiación por causa de utilidad pública y de renovación del mandato. Se preocupó por la educación popular, por los derechos femeninos y por el control de la natalidad. Fundó la Universidad del Sureste, la Escuela Vocacional de Artes y Oficios y la Academia de la Lengua Maya. Durante la rebelión delahuertista, que triunfó en Yucatán, fue capturado y fusilado por los rebeldes al servicio de los grandes hacendados yucatecos.

Robert Haberman (1883-1962)

Abogado norteamericano nacido en Nueva York, graduado en la Universidad de Brooklyn. Emigró a México por sus actitudes pacifistas y antibélicas. Estrechamente relacionado con Felipe

Carrillo Puerto, trabajó con éste en Yucatán, en la fundación del Partido Socialista Yucateco. Organizó Cooperativas entre los yucatecos. Asistió como delegado a los congresos de Motul e Izamal. Fundó junto con Carrillo Puerto y otros dirigentes socialistas yucatecos el Partido Socialista del Sureste. Miembro de la CROM, fue encargado de mantener los nexos entre el grupo de Morones y la *American Federation of Labor Gompers*. Trabajó en la Secretaría de Educación. Fue nombrado por Calles comisionado de Industria en los Estados Unidos. Participó en la fundación de la CTM y colaboró en la Ley del Seguro Social. Se retiró en 1954 de la política y murió en Filadelfia, E. U. Escribió varios folletos propagandísticos, entre ellos uno sobre las *Leyes del divorcio en México*.

Aquiles Serdán (1877-1910)

Revolucionario nacido en Puebla. Hijo de un hombre con claras ideas de izquierda, Aquiles no practicó ninguna forma de activismo político sino hasta que se enteró de la violenta represión de los obreros en Cananea y Río Blanco, entre 1906-07, aunadas a las protestas que vivió directamente, en su propio ambiente. Se afilió al Partido Antirreleccionista en 1909 y fundó el club Luz y Progreso, con lo que comenzó una intensa campaña de activismo político. Aquiles, Carmen y Máximo Serdán viajaron a varias partes de su Estado para agitar en los núcleos de descontento, repartir propaganda y promover la creación de nuevos clubes, lo que en las condiciones de un sistema democrático serían actividades perfectamente respetables, pues para entonces eran únicamente expresiones civiles, sin tintes militares o incitación a la violencia; pero, para un régimen que llevaba treinta años sin oposición, aquella era una actividad punible, por lo que tenía que hacerse con el máximo recato, aunque no propiamente en la clandestinidad, pues era parte de un proyecto político abierto y con fines electorales.

El 4 de octubre de 1909, Aquiles fue detenido y se le decretó auto de formal prisión por el delito de "ultraje a la autoridad". *Mucho lamento lo que ha ocurrido en Puebla al señor Serdán* —escribió Madero a un amigo, el 15 de octubre de 1909— *y con el Partido Antirreleccionista, que usted dice disgregado; pero creo que, en cualquier momento, que sea, están los elementos listos para organizarse cuando sea oportuno.*

Lo que sucedió en Puebla con los Serdán, se extendía por todo el país, especialmente en los estados donde el antirreleccionismo había adquirido mayor fuerza, como en Coahuila, Nuevo León, Yucatán, o incluso en la ciudad de México, donde muchos partidarios de Madero fueron encarcelados, y publicaciones clausuradas, como el periódico *El Antireeleccionista*, donde colaboraban Félix Palavicini, José Vasconcelos y Toribio Esquivel Obregón.

En diciembre de 1909, Madero visitó Puebla y pudo entrevistarse con Aquiles, a quien dio ánimos. Al poco tiempo, gracias a las gestiones de la familia Serdán con algunas amistades en México y a la presión de la gente, las autoridades lo pusieron en libertad "por no haberse encontrado méritos para proceder en su contra". Las semanas de encierro no menguaron su fortaleza. Molesto por tanta injusticia, Serdán estaba dispuesto a redoblar sus esfuerzos en la campaña electoral de Madero y llegar a las últimas consecuencias. A finales de marzo de 1910, Serdán escribió: *Nuestro candidato será el que presente más garantías de respeto a nuestras leyes; pues, como dijera el señor Francisco I. Madero, por malas que sean las leyes, siempre serán mejores que la voluntad de un hombre.*

Aquiles Serdán siguió con sus trabajos proselitistas en Puebla, encaminados a participar en la Convención Nacional Antireeleccionista, que se realizaría en la ciudad de México en abril de 1910. Como era de esperarse, Serdán fue nombrado delegado y en dicha convención, celebrada el 17 de abril, Francisco I. Madero fue nombrado candidato a la presidencia por el partido, y el doctor Francisco Vásquez Gómez como vicepresidente. Un mes después, el ahora candidato visitó Puebla y logró reunir un mitin masivo, de más de veinte mil personas, lo que para la época era verdaderamente apoteótico. El 15 de mayo, Carmen Serdán organizó una recepción para Madero en su casa de Santa Clara, donde muchas personas acudieron a saludar a Madero y expresarle su apoyo. En aquellos momentos, para los hermanos Serdán, y para muchos activistas en Puebla y en todo el país, el triunfo antirreeleccionista era cosa segura... y seguramente así lo pensó también Porfirio Díaz, pues tomó la nefasta decisión de parar en seco la campaña de Madero, quien fue aprehendido en Monterrey, bajo absurdos cargos, y llevado a San Luis Potosí, ciudad en la que estuvo confinado los siguientes meses. En otros lugares del país, sus correligionarios corrieron la misma suerte, o en el mejor de los casos alcanzaron a huir del país.

El 26 de junio se consumó el fraude y por séptima vez fue reelecto Porfirio Díaz para la presidencia de la República. Tres días más tarde, Aquiles Serdán escribió al Club Antirreeleccionista Central, informando del fraude y pidiendo instrucciones:

> He de agradecer a usted se digne decirme qué actitud debemos tomar, pues sería muy difícil enumerar tantos abusos que se han cometido en el estado de Puebla con motivo de las elecciones. Los atropellos a la ley para llevar a efecto el fraude no tienen nombre con qué poderse calificar; se quejan tanto que verdaderamente causan una profunda indignación los hechos relatados por nuestros correligionarios en diversas partes de la ciudad.

Pero Aquiles no tuvo tiempo de esperar respuesta, fue informado de que la policía lo andaba buscando. Pudo evadir la persecución y logró exiliarse, estableciéndose en San Antonio, Texas, donde se encontraba un nutrido grupo de compatriotas que habían escapado de la represión y vivían allí a expensas de Madero, quien enviaba fondos de su propio peculio, para sostener a los desterrados. Allá estuvo Aquiles Serdán, desde agosto hasta finales de octubre de 1910.

En los últimos días de octubre, Madero escapó de San Luis Potosí y también huyó hacia los Estados Unidos. Durante su cautiverio había tomado una decisión definitiva que cambiaría el curso de la historia: estaba decidido a levantarse en armas, y lo mismo sus compañeros de exilio.

Entre el 20 y el 23 de octubre de 1910, Madero, Sánchez Azcona, Federico González Garza, Enrique Bordes Mangel y Roque Estrada se reunieron para darle forma a la idea revolucionaria. De las extenuantes sesiones nació el primer borrador de un documento que fue discutido varios días más. Aquiles Serdán lo conoció en la casa de Fernández Arteaga.

Algunos maderistas opinaban que el documento debía contener reformas, un proyecto político integral y algunas iniciativas de leyes, pretendían que antes de iniciar la revolución se planteara un programa de gobierno. Sin embargo, Madero fue muy puntual al decir: *Éste no es un cuerpo de leyes, simplemente es un llamado a las armas; las reformas se realizarán a través del Congreso de la Unión.*

El documento, dado a conocer como Plan de San Luis, a pesar de que fue redactado e impreso en San Antonio, Texas, es un llamado a todos los mexicanos para que se alzaran en armas en contra de la dictadura porfirista a partir de las seis de la tarde del 20 de noviembre de 1910. La carta de la Revolución Mexicana estaba ya echada, y contados los días de la dictadura.

Madero estaba particularmente interesado en que Aquiles Serdán regresara a Puebla para encabezar la insurrección, pero lo primero que se debía hacer era asegurar el éxito de su traslado. Él había eliminado su característico bigote y se había teñido el pelo de rubio; pero eso no era suficiente, así que sus compañeros idearon un "camuflage" más elaborado: *Decidimos entonces disfrazarlo de "viuda"* —escribió Juan Sánchez Azcona—;

pero una vez que él se probó el vestido comprendimos que el peligro no había desaparecido del todo, a pesar del disfraz, pues las manos, la voz y los pies delataban al varón. Para evitar siquiera a medias una emergencia, era preciso que alguien más acompañase a Aquiles en su peligroso viaje. Así que se decidió que Aquiles viajara en compañía de dos "sobrinos", perfectamente enlutados, que habían trabajado con Sánchez Azcona en su periódico *México Nuevo*. Tres días después, Madero recibió la noticia de que Aquiles había llegado con bien a Puebla y estaba dispuesto a encabezar la insurrección en el Estado.

Comenzaron los preparativos para iniciar la lucha el 20 de noviembre, como estaba previsto. Aquiles Serdán había sido dotado con diez mil pesos, del peculio personal de Madero. El líder confiaba que fructificaría el proselitismo realizado con tanto esfuerzo en 1909 y 1910, especialmente entre la clase obrera del Estado, y también en la entrega a la causa por parte de los estudiantes e intelectuales que participaban en las tertulias políticas de la casa en la calle de Santa Clara. Muchos partidarios se adherían a las células antirreleccionistas en la ciudad y sus alrededores.

Finalmente se consiguió recolectar un arsenal de trescientas carabinas, doscientos rifles, ciento cincuenta pistolas y muchas cajas de municiones, que se concentraron en la casa, convertida en arsenal de guerra. Para iniciar el movimiento, el 20 de noviembre, Aquiles contaría con trescientos hombres bien armados y más de mil comprometidos con la causa, además de una verdadera multitud de simpatizantes.

LAURELES Y GLORIA AL MÁRTIR DE LA DEMOCRACIA: AQUILES SERDÁN
Marciano Silva

Hijos de Puebla, de rodillas ofrecedles
un homenaje con el más crecido afán,
a los obreros y estudiantes que, como héroes,
llenos de gloria sucumbieron los Serdán.

Hagan recuerdos del 18 de noviembre,
año por gracia de mil novecientos diez,
cuando con sangre se escribió en páginas breves
una epopeya muy gloriosa en honra y prez.

Cuando Madero bajó a hacer propaganda
se adhirió en Puebla mucha gente en su favor
los que sinceros exigían en su demanda
otro gobierno que no fuera dictador.

Varios obreros y estudiantes se afiliaron
al candidato, con el más crecido afán,
y como jefe del Partido designaron
al invencible señor Aquiles Serdán.

Muncio Martínez, cuando tuvo la noticia,
hizo sobre ellos una cruel persecución,
porque el gobierno, clerical y porfirista,
había triunfado en su burlesca reelección.

El día dieciocho, al nacer el nuevo día,
Miguel Cabrera, con un orden imperial,
llegó a casa de Serdán y le exigía
que se le abriera, pues traía orden de catear.

Carmen Serdán, al oír las amenazas
abrió la puerta, mas la entrada le negó,
y entonces él, como esbirro del Tetrarca,
sin respetar el bello sexo, la golpeó.

En ese instante salió Aquiles iracundo,
y al darse cuenta que a su hermana maltrataba,
le pegó un tiro, y a Fragoso, su segundo,
preso en un cuarto ordenó que se dejara.

Pocos minutos después de aquella escena
llegaron tropas federales y gendarmes
para entrar en aquella casa tan famosa
donde se hallaba un conjunto de Titanes.

Quince patriotas se aprestaban
a luchar contra dos mil. ¡Oh, qué heroísmo!,
los que en lucha desigual no se fijaban
ni los llenaba de pavor el cruel destino.

En un balcón hacia la calle apareció
Carmen Serdán portando un rifle con firmeza,
la que ante un grupo de curiosos se expresó
de esta manera, con un acto de nobleza.

"¡Vengan, esclavos, a pelear su libertad,
que aquí en la casa tengo parque y carabinas;
sublime herencia que a sus hijos dejarán
de bienestar, no de baldón ni de ignominia!"

Diciendo esto, y haciendo el primer disparo,
abrióse el fuego sobre aquel bello edificio,
tomando luego las alturas los sicarios
para poder bien dominarlos a toditos.

La primera víctima fue Maximino Serdán,
y siguieron sucumbiendo, uno por uno,
hasta que el fuego extinguióse, porque a par
de los patriotas no quedaba ya ninguno.

Al penetrar la soldadesca a aquella casa
sólo encontraron los despojos inmortales
que sucumbieron en defensa de su causa
como esforzados y valientes liberales.

Luego pusieron una estrecha vigilancia,
y un gendarme cerca ya de la oración,
vio una figura y disparóle sin tardanza,
sin ver quién era, quiso hacer la ejecución.

Era Serdán, el bravo Aquiles, que salía
de su escondite, buscando una salvación
era un apóstol que más tarde se uniría
a su Partido contra su reelección.

Salud, obreros y esforzados estudiantes,
que en unión del bravo Aquiles sucumbieron,
como colero, permitidme que les cante
esta epopeya donde de gloria se cubrieron.

Duerman en paz, en sus tumbas silenciosas,
caros hermanos, estudiantes y obreros,
glorificados como Ignacio Zaragoza
y ensalzados por un hijo de Morelos.

Carmen Serdán que igual a Leona Vicario
te hiciste grande por tu arrojo sin igual,
a ti vendrán llenas de lauros y de hinojos
los mexicanos vuestro nombre a venerar.

Sin embargo, el día 17 los conjurados recibieron un informe en el que se les indicaba que la policía sospechaba algo y se planeaba un cateo a la casa. Entonces Aquiles reunió a sus más cercanos colaboradores que fueron los siguientes: Rosendo Contreras, Manuel Paz y Puente, Vicente Reyes, Clotilde Torres, Manuel Méndez, Miguel Patiño, Fausto Nieto, Manuel Velázquez, Juan Sánchez, Carlos Corona, Andrés Cano, Miguel Cruz, Francisco Sánchez, Epigmenio Martínez y Luis Teysser.

Tal vez lo más sensato hubiera sido hacer desaparecer las armas y huir; pero los conjurados decidieron no esperar al 20 de noviembre e iniciar las acciones en cuanto se presentara el primer enfrentamiento, es decir, esperar el cateo y dar la batalla, para dar comienzo a la lucha armada de manera que pensaban sorpresiva para las fuerzas represivas, que en ese momento serían solamente policíacas. Se enviaron correos para indicar a los grupos rebeldes que eran subordinados de los Serdán acerca del cambio de planes; se prepararon y esperaron.

A las siete y media de la mañana del día 18 se escucharon fuertes llamados en el portón de la casa; Aquiles ordenó que se les abriera y de inmediato irrumpieron en el patio varios policías, con el Jefe de la Policía de Puebla, Manuel Cabrera, que los encabezaba y que no pudo ocultar su sorpresa al ver que frente a él se encontraban varios hombres armados y que Aquiles Serdán le apuntaba con un rifle; alcanzó a sacar su pistola y disparar, pero ya sin coordinación de movimientos, pues una bala se le había incrustado en el pecho, por lo que cayó muerto mientras su escolta salía huyendo, con excepción de un policía que también perdió la vida y otro que rindió su arma y se le permitió salir. En esos momentos todo quedó en calma, pero los rebeldes sabían que en cuestión de minutos se verían rodeados por las fuerzas federales y el cuerpo de rurales. Así comenzó la Revolución Mexicana en Puebla, dos días antes de lo previsto.

A las nueve de la mañana, el batallón Zaragoza ya había entrado en acción y el combate era feroz; los revolucionarios estaban totalmente rodeados y sometidos a un fuego intenso. A las diez de la mañana la casa parecía ya un cedazo por las marcas de metralla. Ya no había un solo vidrio intacto y muchos muebles estaban destrozados, como si el combate se estuviera realizando dentro de la casa.

A las once, Carmen subió a la azotea para repartir pertrechos a los defensores de esa posición, al mando de su hermano Máximo; de pronto sintió un fuerte golpe de una bala que le atravesó el hombro izquierdo. En esos momentos, los federales estaban ya tomando posesión de la azotea de la casa y Carmen comprendió que Máximo y los demás combatientes habían sido abatidos. Ella bajó a reportar aquello a su hermano y demás compañeros, y ellos comprendieron que la batalla estaba perdida y que lo único que quedaba por hacer era seguir peleando sólo el tiempo suficiente para proteger a las mujeres y ocultar a Aquiles en un escondite que existía en la casa, pues pensaban que era necesario que él sobreviviera, para continuar la causa revolucionaria.

Cuando los soldados, al mando de Joaquín Pita, irrumpieron en la casa y dieron muerte a los últimos defensores varones, en una recámara encontraron, juntas y desarmadas, a Carmen, su madre y su cuñada. Pita le preguntó por Aquiles, y ellas le dijeron que desconocían su paradero. Él hizo revisar la casa y los cuerpos de los combatientes, sin hallarlo; pero sabía que no podía haber huido a la calle, por lo que se encontraría en algún lugar de la casa, así que organizó una búsqueda minuciosa que duró varias horas, hasta que, un acceso de tos de Aquiles, guió una bala certera, que atravesó la alfombra, la duela del piso y se le incrustó en la cabeza.

Carmen Serdán (1873-1948)

Activista política junto con su hermano, Aquiles, cuyo padre, Manuel Serdán, había sido partidario de alguna corriente de socialismo "utópico" y fundado, junto con Alberto Santa Fe, una revista llamada *Revolución Social*, lo que, al parecer, le costó la vida, pues simplemente desapareció y no se supo más de él.

En diciembre de 1906, seis mil obreros de las treinta y una fábricas textiles de la zona Tlaxcala-Puebla protestaron por las infames condiciones de trabajo en que se encontraban, que incluían horarios de seis de la mañana a ocho de la noche, prohibición de visitas en los tiempos de descanso e incluso de leer cualquier clase de libros o revistas; los obreros debían pagar cualquier daño que producían por accidente en la maquinaria o implementos de trabajo, además, por supuesto de los bajos salarios que recibían, que eran ostensiblemente menores a los de empleados extranjeros.

Como en aquellos tiempos los empresarios no tenían la menor disposición al diálogo y la negociación, la huelga se alargó y se fueron uniendo a ella trabajadores de fábricas similares en Veracruz, Querétaro y e incluso la ciudad de México, de manera que a fines del año 1906 ya habían veintidós mil trabajadores en huelga.

Fue entonces que el asunto fue tomado como un problema nacional y reprimido al estilo tradicional del régimen porfirista, es decir, a sangre y fuego, lo que alcanzó su mayor grado de brutalidad en las instalaciones fabriles de la hacienda de Río Blanco. Este fue el detonador que activó las cenizas de un fuego que había sido encendido por el padre de Carmen y sus hermanos, Aquiles y Máximo, quienes, a partir de ahí establecieron un fuerte compromiso emocional, ético y político con su sociedad.

Al complicarse la situación de la campaña que realizaba junto con sus hermanos, Carmen adoptó el pseudónimo de "Marcos Serrato", lo que en realidad no era más que una débil cortina de humo ante una policía secreta tan bien organizada y eficiente como la de Porfirio Díaz, y el gobernador de Puebla.

Serapio Rendón (1867-1913)

Abogado nacido en Mérida, Yucatán. Fue adversario del régimen porfirista y defensor de los candidatos Madero y Pino Suárez. A la muerte de éstos se ausentó del país y regresó para oponerse a Victoriano Huerta. Un discurso pronunciado contra el usurpador en la cámara de diputados le costó la vida. Murió en Tlalnepantla, Estado de México.

Belisario Domínguez (1863-1913)

Médico y político nacido en Comitán, Chiapas. Cursó la preparatoria en el Instituto de Ciencias y Artes de San Cristóbal. Se recibió de Médico en París. En 1904, fundó en su ciudad natal el periódico *El Vate*. En 1911 fue electo presidente municipal de Comitán, y en 1912 elegido senador suplente. Al año siguiente ocupó la curul, ejercicio durante el cual imprimió y difundió discursos contra Huerta, por lo que fue aprehendido en 1913 y asesinado en Coyoacán.

Juan R. Escudero (1890-1923)

Socialista nacido en Acapulco, Guerrero; hijo de padre español y madre mexicana. Tras estudiar en los Estados Unidos, donde se puso en contacto con los grupos magonistas, regresó a su tierra natal y luchó contra los grandes comerciantes que mantenían en el puerto y toda la región (aislada por carretera en aquella época) una férrea dictadura económica y política. A bordo de barcos fundó la Liga de Trabajadores y varios sindicatos, entre ellos el de estibadores. Perseguido por sus ideas tuvo que huir a la capital, donde se relacionó con la Casa del Obrero Mundial. En 1919 regresa a Acapulco y funda el periódico *Regeneración*. Tras múltiples incidentes es electo presidente municipal. El 11 de mayo de 1922 es asaltado el Palacio Municipal por soldados mercenarios al servicio de los comerciantes, Escudero es herido y dejado por muerto. Paralizado de un lado del cuerpo, reorganiza un movimiento popular y vuelve a hacerse cargo de la alcaldía. Impedido para hablar, un niño pronuncia el discurso que él ha escrito. Sanea la economía pública del puerto y los cuerpos policíacos, además de estimular la reforma agraria en la región. Los comerciantes estimulan nuevamente a los militares en contra de él durante la rebelión delahuertista y es asesinado junto con sus hermanos en el rancho El Aguacatillo.

Francisco Field Jurado (1869-1924)

Político nacido en la ciudad de Campeche. Senador y miembro del Partido Cooperativista apoyó la candidatura de Adolfo de la Huerta en 1923 contra la de Plutarco Elías Calles. Desde el senado bloqueó la ratificación de los tratados de Bucareli. En enero de 1924 fue asesinado en el atentado que fue atribuido al líder sindical oficialista Luis N. Morones.

Úrsulo Galván (1893-1930)

Militante revolucionario nacido en Actopan, Tlacotepec de Mejía, Veracruz. Carpintero en su juventud. En 1915 se incorporó a las fuerzas del general Emiliano P. Navarrete y participó en la batalla de Ébano, San Luis Potosí, donde ganó el grado de capitán primero del Ejército Constitucionalista. En 1920 se incorporó en Veracruz al comité local del Partido Comunista de México, recientemente fundado en la capital de la República. Aprobada la ley inquilinaria iniciada por el gobernador Adalberto Tejeda, Úrsulo Galván fue comisionado por el Partido para la organización de la lucha agraria. En 1923 participó como miembro de la dirección del Partido Comunista en el Congreso de la Internacional Campesina, en Moscú. En el ámbito nacional, Galván organizó a los campesinos apoyados por Tejeda, secretario de Gobernación de Calles. En 1926 se reunió en México el Congreso Constituyente de la Liga Nacional Campesina. Durante la presidencia de Portes Gil el gobierno pidió el desarme de los campesinos y Úrsulo Galván cumplió el mandato, lo que le valió ser expulsado del Partido y hostilizado. Murió en Rochester, Estados Unidos.

Tomás Garrido Canabal (1891-1943)

Abogado y político nacido en Catazajá, Chiapas. Estuvo a favor del Plan de Agua Prieta. Fue gobernador provisional de Yucatán en 1920, interino y constitucional en Tabasco, de 1921 a 1925. Se preocupó por la educación pública, la agricultura y más que nada por la ganadería, por lo que durante su administración Tabasco tuvo un gran auge económico. Fundó ahí el bloque de Jóvenes Revolucionarios conocidos como Camisas Rojas, organización radical cuyo principal líder fue Carlos A. Madrazo. Desarrolló una violenta acción anticlerical enfocada principalmente en contra de la Iglesia católica, cerrando iglesias, prohibiendo el ingreso de sacerdotes y persiguiendo a los militantes católicos. Fue secretario de Agricultura y Fomento durante el gobierno de Lázaro Cárdenas. Al ser desterrado Calles se fue a vivir a Costa Rica, para volver a México hasta 1940. Murió en Los Ángeles, California.

Dolores Jiménez y Muro (1850-1925)

Periodista revolucionaria nacida en San Luis Potosí. Publicó en periódicos artículos de oposición al régimen porfirista, por lo que sufrió prisión y persecuciones. Se unió a Madero, a Zapata y al constitucionalismo. Es autora del prólogo al Plan de Ayala.

Jesús Yurén (1901-1973)

Líder obrero nacido en la ciudad de México. Estuvo al frente del Sindicato de panaderos del Distrito Federal y del gremio de choferes. Fue uno de los fundadores de la Confederación de Trabajadores Mexicanos.

Emiliano Zapata (1879-1919)

Emiliano Zapata Salazar nació el 8 de agosto de 1879, en San Miguel, Anenecuilco. Sus padres se llamaron Cleofas Salazar y Gabriel Zapata. Él fue el noveno de una prole de diez hijos. Se dice que su primer pantalón lo adornó con monedas de a real, como si con ello quisiera emular a los antiguos Plateados, quienes se habían convertido en un mito romántico en la región, y seguramente eran también un mito familiar, aunque el propio tío de Emiliano, Cristino Zapata, había combatido en contra de ellos, cuando se les consideraba simplemente bandidos. El otro hermano de su padre, Chema Zapata, le regaló una reliquia: "un rifle de resorte y relámpago de los tiempos de la plata".

Los orígenes románticos del zapatismo

Durante la guerra de reforma surgieron, en los estados de Puebla y Morelos, varias partidas de guerrilleros que para el pueblo eran revolucionarios y para el gobierno eran bandidos. Estos eran conocidos como los "Plateados", pues acostumbraban adornar su traje de charro con botonadura de plata. Esta clase de rebeldes ciertamente eran bandidos y salteadores, pero en la sensibilidad popular ejercían una suerte de justicia directa y elemental, al estilo de Robin Hood y su gente, que es uno de tantos mitos en los que se maneja la imagen del semihéroe que roba a los ricos para dar a los pobres, como se decía de "Santanón", de Heraclio Bernal y de Jesús Arriaga, conocido como "Chucho el Roto"; probablemente esos no eran tan generosos como se decía, pero en la ensoñación del pueblo bajo, sometido a una miseria degradante, eran héroes románticos, y encarnaban un espíritu de equidad que partía de sentimientos negativos, es decir, de odio y venganza; pero esa clase de emociones, incubadas por mucho tiempo en la mente y el corazón del pueblo, eran materiales extraordinariamente inflamables, y sin duda fue de ellos que se encendió la flama revolucionaria.

En el estado de Morelos habían varios grupos de Plateados, dirigidos por Silvestre Rojas, por un individuo al que llamaban "El Zarco" (tal vez porque tuviera ojos de color. Este cabecilla y su grupo inspiraron la Novela *El Zarco*, de Ignacio Manuel Altamirano), y por un tal Salomé Plascencia, que al parecer era el líder de los Plateados, y se le consideraba tan peligroso que en su honor se formó, en 1861, una fuerza de policía rural popularmente llamada "los rurales", que fue uno de los cuerpos represivos más eficaces desde ese momento y durante todo el porfiriato, pues eran gente de la región y conocían los lugares y a las personas de las zonas más recónditas. En la primera partida de rurales que se formó para combatir a Plasencia se encontraba Cristino Zapata, de quien se dice haber sido ancestro de Emiliano.

La familia Zapata gozaba de prestigio en su comunidad y tenía una cierta estabilidad económica; cuando Emiliano tenía dieciséis años, muere su padre, pero la familia no queda en el desamparo, pues además de tener sus tierras y animales, había en la familia muchos brazos para el trabajo. Emiliano nunca vivió la terrible condición de pobreza de muchos de sus compañeros. De joven logró tener un hatajo de mulas con las que recorría los pueblos de la región, transportando diversos productos, lo que le permitía un buen ingreso. Por un tiempo acarreó cal y ladrillos para la construcción de la hacienda de Chinameca.

La preparación académica de Emiliano fue elemental, aunque con cierto privilegio, pues él al menos terminó la primaria y pudo desarrollar una buena capacidad para la lectura, lo que abrió para él un panorama que no era común en su ambiente social; pero su desarrollo intelectual y su conciencia social dio el gran paso en 1906, pues en ese año llegó a Anenecuilco un ideólogo revolucionario llamado Pablo Torres Burgos, quien vivía del comercio, y sobre todo vendía libros. Emiliano rápidamente se hace amigo de Torres, participa de las tertulias en su casa y, lo que es más importante, tiene acceso a su biblioteca, que aunque no era muy nutrida, se especializaba en temas políticos y sociales. Zapata encuentra en esta relación con el profesor Torres un fuerte estímulo para el afinamiento de aquella conciencia social que ya tenía por tradición, y además de acceder a los libros y a la discusión de ideas con el grupo de Torres, se vuelve un asiduo lector de las mejores publicaciones periódicas de la época, muchas de ellas de oposición, como *El Diario del Hogar* y *Regeneración*.

Al poco tiempo, en Villa de Ayala, ocurre un milagro intelectual semejante, pues llega al pueblo el profesor Otilio Montaño, quien sí imparte clases formales y defiende con fervor una postura filosófico-política de menor reflexión, pero de más acción, basada en las obras del príncipe Kropotkin, considerado el padre del anarquismo, y alimento ideológico de todos los revolucionarios del mundo en aquellos tiempos. Zapata se identifica mucho con el profesor Montaño, lo hace su amigo íntimo, su ideólogo y también su compadre.

En 1908, Emiliano realiza una de sus muchas hazañas amorosas, raptando en Cuautla a una bella muchacha llamada Inés Alfaro, a quien le pone casa y con la que llega a procrear tres hijos, un varón y dos niñas.

Pero el padre de Inés, Remigio Alfaro, no se queda con el agravio y denuncia el hecho ante las autoridades, solicitando justicia. En realidad, en ese contexto social, un hecho de esta naturaleza no constituía propiamente un delito; sin embargo, Emiliano es aprehendido por las autoridades y, a manera de castigo, se le enrola en el séptimo batallón del ejército regular, donde no dura mucho tiempo, ya que un año después participa activamente en la campaña de Patricio Leyva, para gobernador, en oposición al candidato de los latifundistas, Pablo Escandón. En esos tiempos se afilia al club "Melchor Ocampo", creado por Torres Burgos en Villa de Ayala, además de participar con el Club Democrático Liberal de Morelos, con sede en Cuernavaca. Esta entrada en la política representa ya un acercamiento claro y activo a la lucha social, y expresa una voluntad de acción que más tarde lo llevaría a la toma de las armas, ante el agotamiento de toda instancia política.

En septiembre de 1909, Emiliano es elegido presidente de la Junta de Defensa de las Tierras de Anenecuilco, y en esa función se dedicaría a analizar los documentos que acreditaban los derechos del pueblo a sus tierras, con lo que se afirma su carácter de dirigente agrario en Morelos y comienza su propia lucha armada, tomando por la fuerza las tierras de Villa de Ayala y dándolas en posesión *de facto* a los campesinos, creando una de sus más famosas máximas: *La tierra es de quien la trabaja.* Esta acción lo convierte de hecho en bandolero a los ojos del gobierno, y comienza lo que sería la norma de su vida a partir de entonces: la persecución y el peligro. Algunos meses después, regresó a ese mismo lugar para discutir con otros líderes campesinos los objetivos y estrategias de su lucha, lo que llegaría a convertirse en el Plan de Ayala.

En esos momentos, mediados de 1910, se perfila como jefe del movimiento del sur Pablo Torres Burgos, quien viaja a los Estados Unidos para entrevistarse con Madero, y el resultado

El proceso de concentración de la propiedad territorial se debió en gran medida al despojo de las tierras comunales, que se realizó en gran escala en la segunda mitad del siglo XIX. Todo eso se remonta a la conquista española y se lleva a cabo a lo largo del periodo colonial. Sin embargo, después de la llamada Ley Lerdo, durante la revolución de los años cincuenta (1856), que prohibía a toda corporación adquirir cualquier clase de bienes inmuebles y poseerlos en propiedad privada, el proceso de expropiación de tierras comunales (ejidos) cobró auge. Las comunidades campesinas, según esa ley (confirmada por el artículo 27 de la Constitución de 1857) quedaban consideradas dentro de esa categoría. No obstante, el despojo en masa de las tierras de los campesinos y la acelerada penetración del capital extranjero en la agricultura y la monopolización, por parte de ese capital, de las ramas más importantes de la economía rural, estaban directamente relacionadas con la política agraria del gobierno de Díaz.

En los primeros años de la dictadura porfiriana se promulgaron leyes agrarias que tuvieron por objeto aumentar las posesiones territoriales de los grandes hacendados y de las compañías extranjeras, a costa de la expropiación de pequeñas propiedades y de tierras comunales. Dichas leyes eran adversas a los campesinos indígenas, que constituían la base fundamental del campo. De hecho, esas disposiciones condujeron a una mayor concentración de la tierra, al fortalecimiento de la especulación y al notorio enriquecimiento de muchos negociantes y de no pocos funcionarios. El más escandaloso de los actos legislativos que sirvieron de base a la política agraria, fue el decreto sobre Colonización y Compañías Deslindadoras, del 15 de diciembre de 1883, promulgado por el presidente Manuel González. Según ese decreto, las personas o compañías privadas podían obtener "terrenos baldíos", con el pretexto de poblarlos. Con base en esta ley, comenzó el deslinde de terrenos, lo que dio lugar a una serie de despojos y especulaciones sin fin.

Se entendían por "baldíos" todos aquellos terrenos cuyos propietarios no tenían posibilidades de certificar la legalidad de su posesión. Por otra parte, los grandes hacendados podían cercar sus tierras, que realmente eran baldías, y defenderlas de todo deslinde, pues eran apoyados por las autoridades locales y, a menudo, por los federales... El total de las tierras acaparadas por las compañías deslindadoras durante el gobierno de Díaz ascendió a 25 millones, 723 856 hectáreas.

Alperovich y Rudenko: *La Revolución Mexicana*.

de esa entrevista es la decisión de adherirse al Plan de San Luis y tomar las armas en seguimiento de la directiva general de Madero en contra de la dictadura de Díaz. En este periodo sobresalen las batallas de Chinameca, Jojutla, Jonacatepec, Tlayecac y Tlaquitenango, que se realizaron en contra de las tropas de Aureliano Blanquet. En uno de estos encuentros muere Pablo Torres Burgos y, en 1911, Emiliano Zapata es elegido por la Junta Revolucionaria como nuevo jefe del ahora llamado Ejército Liberador del Sur, que seguía los lineamientos marcados por Madero. Sin embargo, al cumplirse lo pactado en Ciudad Juárez, es decir, la renuncia de Porfirio Díaz y la convocatoria a elecciones libres, Francisco León de la Barra asume la presidencia de manera interina, con objeto de convocar elecciones y pacificar al país, por lo que ordena la deposición de las armas y el licenciamiento de todas las facciones de alzados en el país, lo que no es acatado por Zapata. Ante esta negativa, León de la Barra lo declara fuera de la ley y envía a los generales Blanquet y Hurta a convencerlo o combatirlo. El propio Madero trató de convencer a Zapata de que optara por la vía política en vez de la armada para dar solución pacífica a su demanda casi única: reparto agrario radical e inmediato, lo que, de hecho, era imposible satisfacer. El gobierno federal optó por imponer el orden por la fuerza y Zapata se desplegó con sus fuerzas a los límites entre Guerrero y Puebla, adoptado la estrategia de guerrillas, con lo que se hacía prácticamente invencible.

Luego de algunas conferencias entre Francisco I. Madero y Emiliano Zapata, en junio de 1911 se dio a Zapata, de manera no oficial, el cargo de Comandante de la Policía Federal del Estado de Morelos, mismo que de hecho él nunca ejerció.

Al no licenciarse el total de las partidas zapatistas del estado de Morelos, los ataques de la prensa de la ciudad de México se incrementaron, mientras Francisco León de la Barra enviaba al Trigésimo segundo Batallón de Infantería, bajo las órdenes de Victoriano Huerta, para hacer campaña en contra de los jefes zapatistas no licenciados de Morelos; de la misma manera, el 11 de agosto, de la Barra suspendió la soberanía del Estado.

Por su parte, Zapata, tratando de regresar a su vida comunitaria, en julio contrajo matrimonio, pero seguía siendo hostilizado por sus enemigos locales quienes, a partir de la experiencia de la toma de Cuautla, veían en él al principal y más peligroso jefe revolucionario de Morelos.

EL EXTERMINIO DE MORELOS
Marciano Silva

Dios te perdone, Juvencio Robles,
tanta barbarie, tanta maldad,
tanta ignominia, tantos horrores
que has cometido en nuestra entidad;
de un pueblo inerme los hombres corren
y después de esto vas a incendiar,
qué culpa tienen sus moradores
que tú no puedas al fin triunfar.

Si es que a Emiliano Zapata buscas,
allá en los montes lo encontrarás,

marcha a los campos contra él y lucha
y así de gloria te cubrirás;
deja a los pueblos, no tienen culpa,
ya no los mandes exterminar,
el que es valiente nunca ejecuta,
hechos tan viles como el actual.

Lo que es Cartón y Rasgado, en suma
en nuestro Estado nunca podrán
vencer a Neri, que es la figura
más formidable que hay en el plan;
saben muy bien los sitios que ocupa,
al fin que animan pero no van,
y como prueba les daré algunas
de sus hazañas en realidad.

Llegan a un pueblo que abandonado
sus habitantes dejaron ya,
tiran balazos, por si emboscados
los zapatistas llegan a estar;
si este saludo no es contestado
entonces entran ahí a incendiar;
triunfan los leales de un pueblo aislado
al cual dejaron sin un hogar.

Si zapatistas llegan a un pueblo
y son en número regular,
mandan un parte luego al gobierno
más inmediato, sin dilatar:
"Aquí se encuentran los bandoleros,
pueden venirlos a exterminar";
el bravo jefe responde luego:
"¡Cuentos de viejas, qué van a estar!"

Pero si saben que ya se fueron
y que muy lejos deben estar,
entonces marchan, pero ligeros,
con sus cañones a bombardear;
las pobres casas son los guerreros
con quienes van a contrarrestar

y las mujeres que sin remedio
se llevan como un trofeo marcial.

¡Cuántos pacíficos ha matado
Cartón en su cruel avilantez;
cuando algún pueblo llega a incendiar
y en sus hogares encuentra a alguien,
luego en su parte pone el menguado:
"Hónrome participar a usted
que a zapatistas he derrotado,
quité caballos y armas también".

Son nuestros pueblos sólo unos llanos,
blancas cenizas, cuadros de horror,
tristes desiertos, sitios aislados,
donde se agita sólo el dolor;
fúnebres restos que veneramos
como reliquias de nuestro amor,
donde nacimos, donde nos criamos
y alegres vimos la luz del sol.

Adiós, Cartón y Juvencio Robles,
adiós Rasgado, bravo Adalid,
llévenle a Huerta sus batallones
y su estrategia tan infeliz;
díganle que ya no hay poblaciones
ni bandoleros que perseguir,
sólo Zapata y sus escuadrones
siempre dispuestos a combatir.

Bravos guerreros, hijos de Esparta,
que al fin se honraron con acabar,
pero a los pueblos, porque a Zapata
ni la razón han podido dar;
quemar a un pueblo, eso no es gracia,
matar inermes es cosa igual,
dejar familias en la desgracia,
eso no es honra de un militar.

Cuántas familias se hallan llorando
en tierra extraña sin un hogar,

y por su pueblo siempre anhelando
sin que ese instante pueda llegar;
cuántas familias peregrinando
de pueblo en pueblo siempre andarán,
hasta que el cielo diga: "hasta cuándo",
a sus hogares se volverán.

Soldados viles, que habéis jurado
ser la defensa de la Nación,
ya no exterminen a sus hermanos
y alcanzarán su salvación;
negros caínes cual inhumanos
tened un rasgo de abnegación,
quiero se dignen, cual mexicanos,
a oír los clamores de la razón.

Con la promesa de retiro de las tropas federales del estado de Morelos, Zapata logró convencer a los jefes insumisos a deponer las armas para el 22 de agosto; sin embargo, las tropas federales de Huerta y las auxiliares guerrerenses de Ambrosio Figueroa siguieron ocupando posiciones en Morelos y Zapata se vio obligado a huir a Anenecuilco.

El 30 de agosto, en Villa de Ayala y Chinameca, Zapata sufrió el ataque de las tropas irregulares guerrerenses de Federico Morales y Silvestre Mariscal, quienes habían planeado una acción rápida para atrapar a Zapata dentro de los muros de la hacienda, como un presagio de lo que ocurriría tiempo después: pero este primer intento de matarlo en Chinameca fracasó por la torpeza de los atacantes, que dispararon antes de tiempo sobre las guardias aposentadas en el portón de la hacienda y Zapata, que conocía bien la hacienda, tuvo tiempo para escapar por un lugar estratégico y perderse en los cañaverales.

De la hacienda de Chinameca, Zapata huyó al estado de Puebla, para después regresar a la sierra de Morelos y reorganizar su rebelión, ahora estimulado más por las circunstancias que por las demandas.

El 25 de noviembre de 1911, Zapata lanzó el Plan de Ayala, redactado por Otilio E. Montaño, en el que se exigía la redención de los indígenas y la repartición de los latifundios otorgados durante el porfiriato. En este Plan se desconocía a Francisco I. Madero como presidente y se reconocía a Pascual Orozco, como jefe de la Revolución, afirmándose que en vista de que no se habían cumplido las demandas del campesinado, el único medio para obtener justicia era por la vía de las armas.

El golpe de estado de Victoriano Huerta no representó un cambio importante en la actitud de Zapata y en la acción del Ejército Libertador del Sur. Ya antes Huerta había sido su perseguidor y lo seguía siendo. La guerra zapatista fue sostenida por las comunidades y poblados pequeños del Estado de Morelos, lugares de donde provenían la mayoría de los combatientes revolucionarios zapatistas.

Para el ejército huertista era muy difícil vencer a los zapatistas, o siquiera entablar combate con ellos, pues se manejaban en guerrillas. Sin dejarse ver, aparecían y desaparecían en cualquier lado, al amparo de la sierra de Morelos. Durante los años de 1912 a 1913, y parte de 1914, el general Juvencio Robles y sus subalternos Luis G. Cartón y Alberto T. Rasgado optaron por la clásica y perversa estrategia de la "tierra quemada", que es una forma de guerra de exterminio en la que se destruyen las cosechas, se queman los pueblos y se asesina a civiles, todo para cortar abastecimientos y crear un círculo de miseria fisiológica y moral en torno a los guerrilleros.

El 12 de marzo de 1914, Zapata y sus jefes Julián Blanco y Jesús Salgado establecieron cuartel en Tixtla, con cinco mil hombres, mientras que Chilpancingo estaba defendida por 1400 hombres bajo las órdenes del general Luis G. Cartón. Zapata había previsto el asalto a Chilpancingo para el día 26 de marzo; sin embargo, los generales zapatistas Encarnación Díaz e Ignacio Maya, en una indisciplinada, pero afortunada acción, lograron tomar la plaza de Chilpancingo el 23 de marzo de 1914. El general Cartón logró escapar de la plaza, pero después fue aprehendido, junto con su segundo en mando, Juan A. Poloney, y varios oficiales, en un pueblo llamado El Rincón, a unos sesenta kilómetros al sur de Chilpancingo.

La mayoría de las fuerzas federales, en su calidad de conscriptos y soldados de leva fueron puestos en libertad y muchos de ellos se afiliaron a las tropas zapatistas.

Como Cartón y Poloney habían sido protagonistas del exterminio en el estado de Morelos, fueron juzgados y fusilados en la plaza pública de Chilpancingo, junto con los oficiales a quienes se comprobó su actuación como incendiarios en la campaña contra los zapatistas. El fusilamiento de Cartón tuvo lugar el 6 de abril de 1914. En los primeros meses de ese mismo año, Zapata tomó Jonacatepec y Chilpancingo, habiendo engrosado sus filas a unos 27,000 hombres, con los que llegó a controlar todo el estado de Morelos y parte del de Guerrero. En septiembre, Venustiano Carranza envió a Juan Sarabia, a Antonio Villarreal y a Luis Cabrera a conferenciar con Emiliano Zapata, pero él exigía como condición para la pacificación el desconocimiento del gobierno de Carranza y la adopción del Plan de Ayala como planteamiento básico para un nuevo gobierno, lo que, por supuesto, era inaceptable para Carranza y sus emisarios.

ENTRADA TRIUNFAL DE EMILIANO ZAPATA A LA CAPITAL
(fragmentos)

Ya las calles se engalanan,
con flámulas y banderas
para recibir gozosas
a las tropas verdaderas.

A Zapata se le espera,
con confetis y con flores
para regarle la calle
como a los libertadores.

LA LLEGADA DEL GENERAL ZAPATA
(fragmentos)

Voy a contarles señores
lo que ayer nos ocurrió

que el general Emiliano
por San Lázaro llegó.

Llegó a la Escuela de Tiro
y luego se fue a un hotel
que queda muy inmediato
y pasó la noche en él.

Dijo que muy poco tiempo
aquí va a permanecer,
pues se ausenta para Puebla
a cumplir con su deber.

Fue noviembre veintisiete
cuando esto se anunció,
y el veintiocho en la mañana
hasta el Palacio llegó.

Las campanas replicaron,
las salvas se sucedieron
y las armas descargaron
las guardias que lo supieron.

El pueblo, sin ser llamado,
muy luego se presentó
a darle la bienvenida
por su entereza y valor.

En septiembre, desde su cuartel general en Cuernavaca, Emiliano Zapata promulgó la entrega de tierras a los pueblos. Ese mismo mes fue invitado a participar en la Convención de Aguascalientes, en la que los principales grupos que participaban en la todavía beligerante Revolución intentarían zanjar sus diferencias. Zapata no fue en persona a la Convención, pero envió una representación que consideró satisfactorio el hecho de que se desconociera el mandato de Venustiano Carranza, lo que motivó a Zapata a acercarse a Francisco Villa, reconociendo ambos a Eulalio Gutiérrez como presidente provisional.

A finales de noviembre de 1914, las dos grandes facciones beligerantes del país, la División del Norte y el Ejército Libertador del Sur entraron en la Cuidad de México y concertaron acuerdos que por lo menos permitían no hostilizarse entre sí y continuar con sus luchas regionales. Pero la fuerza de ambos habría de menguar ante la organización y disciplina del Ejército Constitucionalista, leal a Venustiano Carranza y dirigido magistralmente por Álvaro Obregón. En 1916 Carranza reasumió el poder en la ciudad de México y organizó una fuerte ofensiva contra Zapata, a cargo del general Pablo González Garza, quien logró tomar vastas regiones del territorio zapatista, además de que el gobierno constitucionalista emitió leyes agrarias que desmovilizaban a las masas campesinas que antes tenían como único baluarte a Zapata. Para 1918, la lucha zapatista había regresado ya el esquema de la guerrilla, con lo que era difícil para el gobierno su total extinción, de manera que se ideó una estratagema: el general Jesús Guajardo hizo creer a Zapata que estaba descontento con Carranza, y deseaba unirse a él. Acordaron una cita para establecer acuerdos el 10 de abril de 1919, en la hacienda de Chinameca, pero al jefe suriano le esperaba una emboscada que le costó la vida.

Eufemio Zapata (1873-1917)

Hermano de Emiliano Zapata, nacido en Anenecuilco, Morelos. Se levantó en armas en 1911; participó en el Plan de Ayala, Murió en Cuautla, Morelos.

Felipe Neri Jiménez (1884-1914)

Felipe Neri Jiménez nació en Cuernavaca, Morelos, el 23 de agosto de 1884. De joven, Neri trabajó como fogonero en la hacienda de Chinameca hasta que, en 1911, se pronunció contra el gobierno de Porfirio Díaz.

Cuando Zapata se sublevó contra el gobierno de Francisco I. Madero, Neri continuó fiel al jefe Suriano, realizando acciones para el Ejército Libertador del Sur. Ocupó Tepozotlán en 1912, y en 1913 siguió luchando en el centro del Estado de Morelos; en el mismo año, Neri formó parte de la Junta Revolucionaria del Centro y Sur de la República, misma que lo ascendió a general.

El veintiséis de enero de 1914, al regresar de una campaña con rumbo a Tepozotlán, Neri fue muerto por las fuerzas zapatistas de Antonio Barona, probablemente porque su grupo fue confundido con fuerzas huertistas.

Luis N. Morones (1890-1964)

Dirigente obrero nacido en la ciudad de México. Miembro de la Casa del Obrero Mundial. Representante de la corriente conservadora del obrerismo de la época final de la Revolución y la década de los años veinte. Constructor de la alianza entre el movimiento obrero y el obregonismo, y entre el movimiento obrero mexicano y la AFL. Fundador de la CROM (1918) y del Partido Laborista Mexicano (1919). Fue secretario de Industria y Comercio y trabajó en la administración de Plutarco Elías Calles. Expulsado del país por Lázaro Cárdenas. Dirige la CROM hasta su muerte.

Francisco J. Múgica (1884-1954)

Militar y político nacido en Tingüindín, Michoacán. Hace periodismo antiporfirista. En 1910 se pone al servicio de la Junta Revolucionaria y participa en la toma de Ciudad Juárez. Combate a Huerta desde las filas constitucionalistas, participa con Lucio Blanco en el primer reparto agrario en el norte del país, en 1913. Firmante del Plan de Guadalupe. Constituyente por Michoacán en 1917 forma parte del grupo de diputados radicales que impulsaban los artículos 27 y 123. Gobernador electo de Michoacán (1920) encabeza el Partido Socialista Michoacano. En 1922 rompe con Obregón y abandona el gobierno del Estado. Vuelve al primer plano de la política como fiel compañero de Cárdenas, siendo secretario de Obras Públicas y Economía de su gabinete. Es un hombre clave en el proceso que conduce a la expropiación petrolera. Precandidato a la presidencia de la República y lógico sucesor de Cárdenas, se retira de la contienda. En 1952 apoya la campaña de Enríquez Guzmán.

John Reed (1887-1920)

Periodista norteamericano nacido en Portland. Graduado en Harvard en 1910. En 1911 llega a México para hacer una serie de reportajes para el *Metropolitan Magazine*. Entrevistó a Villa, a Carranza, acompañó a las tropas villistas en la batalla a Gómez Palacio. Posteriormente dio forma a sus artículos en su libro *México Insurgente* (1914, Nueva York). Cubrió como periodista los eventos obreros más radicales en los Estados Unidos, la Guerra de trincheras y la revolución rusa. Producto de ese trabajo periodístico es su obra maestra: *Diez días que conmovieron al mundo*. Fundó el Partido Comunista Norteamericano y representó a su país en la III Internacional. Murió de tifus en Moscú.

Cándido Aguilar (1889-1960)

Nació en el rancho de Palma, Veracruz. Sus padres fueron Eustaquio Aguilar y Melita Vargas. Realizó sus estudios primarios en su lugar natal, y pronto trabajó en el Rancho de San Ricardo, propiedad de su padre. Sus primeros pasos políticos los dio dentro del maderismo, aunque desde antes había sido lector del periódico *Regeneración*. Perteneció al Partido Antirreleccionista y junto con Enrique Bordes Rangel, Vicente Escobedo, Severino Herrera, Pedro y Clemente Garay y otros, firmó el Plan Revolucionario de San Ricardo, el 14 de junio de 1910. En noviembre del mismo año combatió en las cercanías de Coscomastepec; luego participó en la toma de Córdoba el 11 de mayo de 1911, como parte de las fuerzas de Gabriel Gavira. Una vez triunfante el movimiento, madero lo confirmó como Oficial "irregular". En Veracruz combatió al movimiento felicista, pero sobre todo combatió a los rebeldes antimaderistas en Morelos (Zapatistas), Durango y Coahuila (Orozquistas).

Al iniciarse la Decena Trágica quedó a las órdenes de Victoriano Huerta para atacar la Ciudadela. Al sobrevenir el desenlace logró escapar a Guatemala, de ahí a Estados Unidos, desde donde se internó al país para aliarse al constitucionalismo, en Mayo. Al principio combatió en el Norte, pero luego Carranza lo envió a su terruño, designándolo comandante militar de Veracruz. Al frente de la Primera División de Oriente del Ejército Constitucionalista tomó, entre otras plazas, Ozuluama, Tantoyuca, Tamiagua y Tuxpan, donde estableció la Capital del Gobierno Revolucionario Local, impuso un impuesto a todas las propiedades de los mexicanos y también a las compañías petroleras, que se quejaron de la extorsión ante Carranza. Fue ascendido a General Brigadier por la oposición que tomó ante el Almirante Frank Friday Fletcher respecto a la cuestión de los pozos petroleros, donde secuestró a las familia de los extranjeros para negociar con ellos. Fue llamado por Carranza para hacerle corte marcial, pero logró ser perdonado. Otros importantes combates fueron los de Valles, Huejutla, Cazones, Tecolutla, Gutiérrez Zamora, Papantla, Misantla y Jalapa. En 1914 fue nombrado Gobernador de Veracruz puesto que ocupó hasta 1916. Antes, a finales de 1914, influyó, junto con Isidro Fabela en la desocupación del Puerto y la evacuación de las tropas norteamericanas: ambos pronunciaron candentes discursos. Expidió importantes y revolucionarias leyes en el estado: la

Primera Ley del Trabajo en toda la República y la Ley referente a Navíos, según la cual, los tripulantes de barcos mercantes mexicanos debían ser nacionales.

En el Gabinete de Venustiano Carranza ocupó la Secretaría de Relaciones Exteriores, de marzo a noviembre de 1916, y de febrero a noviembre de 1918. En ese cargo abogó y abanderó la neutralidad del Gobierno de México en la Guerra de 1914. Al responder a la solicitud de EU para perseguir a Villa por el ataque a Columbus, se entendió como se aceptaba esta y la expedición de Pershing entró al país. En 1919 fue embajador confidencial en varias potencias. Durante el Congreso Constituyente fue diputado por Veracruz y fue su primer Vicepresidente. Antes, en octubre de 1914, fue representado en la Convención de Aguascalientes por Carlos Prieto, pero apoyó a Venustiano Carranza contra las disposiciones de la Convención, que desconocían a Carranza como jefe y pedían su dimisión.

A la muerte de Carranza se vio en la imperiosa necesidad de abandonar el país, pues además de formar parte de su familia –recientemente se había convertido en su yerno– no reconoció el Plan de Agua Prieta de Obregón, que se negaba a que Carranza impusiera a su sucesor. Partió para Estados Unidos pero más tarde regresó a México, y para 1923 se adhirió al movimiento delahuertista, operando en el Sureste. Exiliado de nuevo, regresó al país en 1939, gracias a la amnistía concedida por Lázaro Cárdenas. Fue diputado y senador por Veracruz después de una reñida deliberación con Darío Ojeda y Pous. En 1949 el Presidente Alemán lo nombró comandante de la Legión de Honor. Tres años después, en los años finales del alemanismo en la presidencia, Cándido Aguilar no duda en criticar al presidente de la República por algunas de sus acciones corruptas y su influencia en las contiendas electorales. Funda entonces el Partido de la Revolución que busca rescatar los ideales de la revolución y que contiende por la sucesión presidencial. Depone su candidatura a favor del General Henríquez Guzmán en su contienda contra Adolfo Ruiz Cortines, candidato del PRI a la presidencia. El gobierno del presidente Miguel Alemán lo manda a encarcelar en la prisión de Allende, bajo cargos de disolución social. Después es exiliado a Cuba. Murió el 20 de marzo de 1960.

Gabriel Gavira (1867-1956)

Realizó sus primeros estudios en la capital y obtuvo una beca para la Escuela Nacional de Artes y Oficios, donde aprendió a trabajar la madera. Contrajo matrimonio con Eufrasia Leduc y se estableció en la ciudad de Orizaba, Veracruz, donde abrió un taller. De ideas liberales y democráticas, en 1892 fue uno de los fundadores del *Círculo Liberal Mutualista de Orizaba*, en el cual, entre otras cosas, se impartía enseñanza primaria gratuita a la población adulta.

Después de la matanza de Río Blanco, ocurrida en enero de 1907, el Círculo prestó apoyo y ayuda a los familiares. Asistió como delegado por Orizaba a la Convención Antirreleccionista que postuló a Francisco I. Madero como candidato presidencial. Partidario de Madero, formó el primer Club antirreleccionista en Orizaba; protestó ante el general Porfirio Díaz al ser encarcelado Madero en la penitenciaria de San Luis Potosí, por lo que fue aprehendido y enviado preso a Veracruz, junto con Rafael Tapia, Ángel Juarico y Francisco Camarillo. Al poco tiempo quedó libre y se dedicó a conspirar para secundar el levantamiento armado del 20 de noviembre de 1910 e intentó dinamitar el Cuartel de San Antonio, que albergaba a la tropa federal, pero sus planes fueron descubiertos. Huyó del país con Camerino Z. Mendoza hacia La Habana, Cuba, y poco más tarde a San Antonio, Texas, donde fue nombrado jefe del movimiento antirreleccionista en Veracruz por Madero. En 1911 participó y dirigió diversas acciones de armas en la comarca veracruzana, y alcanzó el grado de general. Después del triunfo, Madero lo nombró Jefe de Operaciones Militares en Veracruz, cargo al que poco tiempo renunció para figurar como candidato a gobernador. En la contienda electoral fue declarado ganador Francisco Lagos Cházaro, inconformándose Gavira con el resultado, por lo que se levantó en armas en Jalancingo,

Veracruz. Fue aprehendido y trasladado a San Juan de Ulúa donde permaneció hasta el 24 de diciembre de 1912.

Tras el cuartelazo de Victoriano Huerta se vio obligado a salir del país hacia Cuba, donde se reunió con los generales Rafael Tapia, Cándido Aguilar y Camerino Z. Mendoza. En julio de ese año de 1913 regresó al país y se incorporó al movimiento constitucionalista. El 2 de agosto el general Pablo González Garza lo nombró Jefe de las operaciones militares de Veracruz y le expidió el grado de general brigadier. En 1914 operó bajo las órdenes del general Cándido Aguilar. Participó, entre muchos otros hechos de armas, en los ataques y tomas de Huejutla, Hidalgo y Tamiagua, Papantla, Martínez de la Torre y Misantla, Veracruz. En septiembre de 1914 se incorporó a la División de Oriente, bajo el mando del general Jesús Carranza Garza; con él operó en el estado de Tlaxcala y Puebla.

Estuvo representado en la Convención de Aguascalientes por Gabino Bandera y Mata. Fiel al constitucionalismo, de diciembre de 1914 a julio de 1915, él y sus fuerzas se incorporaron al general Álvaro Obregón, primero para ocupar la ciudad de México y luego para emprender la campaña contra los villistas; fue así como participó en la Batalla de Celaya, Trinidad y León, Guanajuato, así como en el ataque y toma de Aguascalientes, al mando de la 5ª. Brigada de la División del Noroeste, obteniendo por esas fechas el grado de general de brigada. Posteriormente fue comisionado para marchar sobre San Luis Potosí; al ocupar la capital local quedó como gobernador y comandante militar, cargo que desempeñó del 13 de julio al 30 de septiembre de 1915. En octubre fue comisionado a Sonora, para reforzar a las fuerzas de Manuel M. Diéguez en su campaña contra las fuerzas de Francisco Villa y José María Maytorena. Del primero de enero al 15 de julio de 1916 fue designado comandante militar del estado de Durango, y en 1919 actuó como inspector general del ejército.

En 1920 secundó el movimiento del Plan de Agua Prieta, y al triunfo de éste fue designado Jefe de Operaciones Militares en el Istmo de Tehuantepec; en abril de 1921 se le nombró vicepresidente de la Comisión Revisora de Hojas de Servicios; en octubre de 1923 fue designado presidente del Supremo Tribunal Militar, cargo que desempeñó hasta noviembre de 1925; en diciembre de ese año estuvo al cargo de la Secretaría de Guerra y Marina; de agosto de 1927 a febrero de 1934 fue nuevamente presidente del Supremo Tribunal Militar. En 1936, el presidente Lázaro Cárdenas lo nombró gobernador del distrito norte de Baja California y más tarde fue cónsul en San Antonio, Texas. A los 71 años se retiró a la vida privada. Dejó escritas dos obras de carácter autobiográfico y testimonial: *Mi actuación política y militar revolucionaria* y *Polvos de aquellos lodos*. Murió en la Ciudad de México el 15 de julio de 1956. Durante la presidencia de Adolfo Ruiz Cortines se le erigió una estatua en su honor.

Hombres de acción

Trinidad García de la Cadena (1813-1886)

Precursor de la Revolución, oriundo de la Villa del Refugio, Zacatecas. Luchó contra la invasión estadounidense y la intervención francesa. Apoyó el Plan de la Noria y el de Tuxtepec. Alcanzó el grado de general de división en 1884 y fue gobernador de Zacatecas, así como candidato a la presidencia de la República para el cuatrienio 1880-1884.

MAÑANAS DE CADENA
anónimo (fragmentos)

Desaparece Cadena
de la gran Tenochtitlán,
con rumbo desconocido,
con el general Galván.

Vuela, palomita, sigue volando,
¿Cadena, donde estarás?

Donde se mueren los hombres
con mucha facilidad.

El porvenir no se sabe,
no hay plazo que no se llegue
ni deuda que no se pague.

Sábado treinta de octubre,
¡ah qué suerte tan tirana!,
aprehendieron a García
a las dos de la mañana.

Cuando los apean del coche
los bajan con precisión,
los ponen sobre la vía
para hacer la ejecución.

Esa estación de González,
¡qué estación tan honorable!
¡Mataron al general
y a Juan Ignacio Lizalde!

El porvenir no se sabe,
no hay plazo que no se llegue
ni deuda que no se pague.

¿Por qué no cantas, paloma,
como canta la sirena?
'Ora sabrán, mexicanos,
la falta que hace Cadena.

La tragedia de Bernal
en Guadalupe empezó,
por unas barras de plata
que dicen que se robó.

Heraclio Bernal gritaba
en su caballo alazán:
"No pierdo las esperanzas
de pasearme en Culiacán."

Heraclio Bernal decía
cuando estaba muy enfermo:

"Máteme usted, compadrito,
pa' que le pague el gobierno".

Decía Crispín García,
muy enfadado de andar:
"Si me dan los diez mil pesos,
yo les entrego a Bernal."

Le dieron los diez mil pesos,
los encontró en su mascada
y le dijo al comandante:
"Alísteme una acordada".

Vuela, vuela palomita;
vuela, vuela hasta el nogal;
ya están los caminos solos,
¡ya mataron a Bernal!

Fue el primer defensor del antirreleccionismo, precisamente ante la inminencia de la primera reelección de Porfirio Díaz, lo que en realidad ocurrió y se repitió en 1884, por lo que Trinidad García promovió un movimiento opositor que causó una orden de aprehensión en su contra, por lo que tuvo que huir de la ciudad de México. En 1886 llegó a Zacatecas y organizó a los grupos disidentes, civiles y militares, y apoyó el Plan de Cañitas, que pretendía el desconocimiento del régimen de Díaz. Pero la respuesta de éste fue inmediata y contundente. Algunos de los seguidores de Trinidad García eran el capitán Luis Martínez Urista, el coronel Juan Ignacio Lizardi y Pedro Durán, quienes habían comenzado a organizar las tropas para un levantamiento armado.

Los seguidores del Plan de Cañitas fueron aprehendidos en Estación Calera y en la ciudad de Zacatecas; mientras que en San Juan de la Sierra y en la hacienda de San Tiburcio, municipio de Mazapil, tropas al mando del coronel Julián Villegas combatieron a los cadenistas. Trinidad García y sus compañeros fueron tomados prisioneros y fusilados en la Estación González, Zacatecas, el 31 de octubre de 1886.

Heraclio Bernal (1855-1888)

Precursor de la Revolución, también conocido como "El rayo de Sinaloa", nació en el rancho El Chaco, municipio de San Ignacio, Sinaloa, aunque otras fuentes afirman que nació en Santiago Papasquiaro, Durango. De padre minero, Heraclio vivió su infancia y estudió la primaria en varios pueblos de la zona limítrofe entre Durango y Sinaloa. Cuando tenía 16 años, él y su familia se vieron involucrados, a favor de Juárez, contra los conjurados del Plan de la Noria. Por defender a los mineros fue acusado del robo de unas barras de hierro y perseguido por lo propietarios de las minas, quienes indujeron al jefe político a que enviara a la policía rural en contra de Bernal.

Viéndose perseguido, Heraclio Bernal inició su carrera de bandido asaltando el banco de San Vicente, de capital norteamericano, acción que resultó fallida y fue aprehendido y encerrado en el cuartel de artillería de Mazatlán, Sinaloa.

En noviembre de 1976, el general Jesús Ramírez Terrón se levantó a favor del Plan de Tuxtepec, adherido a la facción de José María Iglesias; sin embargo, en diciembre, Ramírez Terrón se pasó al lado porfirista y su tropa se convirtió en la fuerza militar del porfirismo en Sinaloa. Al entrar en Mazatlán, Ramírez Terrón ordenó que se liberase a Bernal y le dio el grado de teniente, lo que él aprovechó para recuperar su libertad pero, en vez de ponerse a las órdenes de Ramírez, Bernal volvió a su vida de bandolero en la región de Guadalupe de los Reyes, atacando los transportes de minerales, diligencias y casas de funcionarios públicos de la región, teniendo como su principal apoyo a los trabajadores mineros, a quienes, de vez en cuando, daba parte de los botines obtenidos. Aunque el principal fin de los asaltos de Bernal era la obtención de armas, parque y dinero.

En 1879, Bernal apoyó la rebelión antiporfirista del general Jesús Ramírez Terrón, quien, el 2 de noviembre lanzó el Plan de Copala, en el que exigía la aplicación estricta de la Constitución de 1867 y desconocía los poderes del gobierno de Porfirio Díaz.

En la rebelión de Ramírez Terrón, Bernal ocupó la ciudad de Mazatlán, el 26 de junio de 1880 y siguió ocupando importantes plazas de Sinaloa, las que posteriormente fueron perdidas por Ramírez Terrón, quien murió combatiendo en El Salto, el 22 de septiembre de 1880.

En 1885, Heraclio Bernal expidió el Plan de la Rastra, Sinaloa, en el que trata de legitimar sus acciones basándose en los postulados del Plan de Copala. Bernal alcanza una gran fama, tanto que es mencionado por el presidente Díaz en su informe de Gobierno de 1886, señalándolo como el principal enemigo de la estabilidad nacional en ese momento.

Al momento de la fallida rebelión de Trinidad García de la Cadena, en Zacatecas, Bernal se adhirió al Plan de Cañitas, aunque sin llegar a tener contacto con el propio García de la Cadena, pues las acciones de ese movimiento fueron sofocadas muy rápido, con lo que Bernal tuvo que replegarse hacia sus territorios habituales.

Habiendo perdido su base política por la muerte de García de la Cadena, en enero de 1887, Bernal lanzó el Plan de Conitaca, firmado en una población de ese nombre en el municipio de San Ignacio, en Sinaloa. En este Plan se sigue postulando el desconocimiento del gobierno de Díaz y la exigencia de la aplicación de la Constitución de 1857, pero se incluyen ciertas reivindicaciones regionales. Ese Plan es firmado por Bernal como jefe del "Movimiento Restaurador de la Constitución de 1857". Este nuevo formato de la rebelión, causó mayor preocupación en las autoridades regionales y nacionales, por lo que, en 1887, el gobernador de Durango, Juan Manuel Flores, ofreció diez mil pesos de recompensa por su cabeza y recrudeció la persecución de *El Rayo de Sinaloa*. Finalmente fue cercado en una montaña próxima a las minas de Nuestra Señora de Sinaloa y muere el 5 de enero de 1888.

CORRIDO DE IGNACIO PARRA
Felipe García (fragmentos)

Año de mil ochocientos
noventa y ocho al contado;
mataron a Ignacio Parra,
que era un hombre muy afamado.

Ignacio traía una yegua
de una andadura especial
se le cayó sin remedio
de poderla levantar.

Ignacio se tiró a pie,
para pelear más a gusto;
"¡no hay duda, yo moriré,
pero han de llevar un buen susto!"

Don Octaviano Meraz
esto le dice a su gente:
"¡Quién sabe cómo nos vaya,
me dicen que es muy valiente!"

Don Octaviano Meraz,
como quien caza un venado,
no dejó de echarle tiros,
hasta que lo vio tirado.

Luego que ya lo mató
dijo; "Lo hemos de colgar,
avisamos a Los Berros
lo vengan a levantar".

Y llegaron de Los Berros;
esto se les ha ordenado:

"En el Puerto del Alacrán,
a Ignacio dejen colgado."

Ignacio Parra (¿?-1898)

Oriundo de La Cañada, municipio de Canatlán, Durango, se inició como bandido en la gavilla de Heraclio Bernal y a la muerte de éste continuó sus correrías en la región de la Sierra Madre Occidental, en los municipios de Santiago Papasquiaro, Guatimapé, Canatlán y San Juan del Río. Los lugartenientes de Parra fueron Federico Arreola, Refugio Alvarado y sus hermanos, Matías y Vicente Parra.

Un dato de interés en la vida y la acción de Parra es la relación que tuvo con Doroteo Arango, que sería conocido como Pancho Villa, ya que éste, a la edad de diecisiete años, huyendo de la justicia porfirista, se incorporó a la gavilla de Ignacio Parra y permaneció con él aproximadamente tres años, acostumbrándose a vivir al día y a "salto de mata", como un bandido-guerrillero.

En noviembre de 1898, Octaviano Meraz, comandante de las fuerzas rurales (Acordadas) del Estado de Durango, organizó una batida contra la banda de Ignacio Parra y trabó combate contra la gavilla en El Puerto del Alacrán, municipio de Canatlán, donde murieron el propio Parra, Refugio Alvarado y Federico Arreola.

CORRIDO DE CHUCHO EL ROTO
Anónimo

A la cuadrilla
de Chucho el Roto
un hombre honrado
se incorporó,
porque aquel jefe,
que era un valiente,
siempre triunfó.

Bandolero, bandolero,
que tienes el corazón

más noble
que el de un caballero.

En muchos lances
comprometidos
triunfar hicistes
tu decisión,
y con el arma
no descuidada,
honores distes
a tu legión.

En los peligros
más complicados
demuestras siempre
tu gran valor
y con audacia
de hombre completo
tremolas siempre
tu pabellón.

Nunca dejaste
que la perfidia
marcara al bravo
que compasivo
con los humildes,
fuiste mil veces
su salvador.

Con tus hazañas
de hombre afamado
a las mujeres
cautivas fiel,
porque eras digno
como bandido
y tu palabra siempre valió.

Muy generoso,
siempre con maña,
en mil asaltos
venciste al fin,

jamás de nadie
quedas burlado,
y en los peligros
vences doquier.

Con los humildes.

Jesús Arriaga

Mejor conocido como Chucho el Roto, nació en la calle de Manzanera, del barrio de La Merced, en la ciudad de México y fue el bandido urbano más famoso de finales del siglo XIX. Ciertamente, no es lícito calificar a Jesús Arriaga como revolucionario, o siquiera como "prerrevolucionario"; pero sería perfectamente válido el calificarlo como "protorrevolucionario", igual que a otros héroes románticos de populares que encarnan el mito de "Robin Hood" en México, pues su personalidad y su conducta revela un sentimiento que no es solamente el suyo, sino el de la gran mayoría del pueblo mexicano, ávido de presenciar la ruptura de aquellas inhumanas formas de estratificación social que finalmente se reducían a dos grandes categorías de personas, la "gente decente" y los "pelados". Chucho el Roto fue un personaje real, pero también es una estratagema de la imaginación en la que el "pelado" se disfraza de "roto", es decir, de "elegante", de "decente", para engañar a los ricos y escamotearles algo de su riqueza, para ayudar a sus hermanos de clase. Al parecer él realmente hacía eso, aunque es probable que no lo hiciera y no fuera más que un ladrón ingenioso; pero eso no importa mucho, pues los mitos no se alimentan de la objetividad, sino de los sueños, pero estos sueños no sólo cumplen una función psicológica, sino también conductual o existencial, y es así como los mitos llegan a convertirse en un acicate para la acción transformadora o revolucionaria.

Después de muchas pesquisas y largo tiempo de búsqueda, Chucho el Roto fue aprehendido por la policía de la ciudad de México y trasladado a la cárcel de San Juan de Ulúa, en Veracruz, donde murió, en 1898.

Cruz Chávez

Dirigente espiritual y político de un movimiento que se produjo en el pueblo de Tomochic, situado en la Sierra Tarahumara del Estado de Chihuahua.

En la segunda mitad de siglo XIX, indígenas y mestizos del pueblo de Tomochic y sus alrededores se habían destacado en la lucha contra los apaches, lo que, aunado a las difíciles condiciones de la vida en la serranía, los habían convertido en una comunidad muy independiente. A finales de la década de 1880, los pobladores de Tomochic fueron víctimas de los abusos de las autoridades locales y de las compañías mineras de la zona. Los habitantes de Tomochic simplemente desplegaron una estrategia de resistencia pasiva ante las autoridades porfiristas, negándose a obedecer, en principio sin forma de rebeldía evidente o violencia. Sin embargo, los caciques porfiristas de la zona, buscando justificar la represión, desataron una serie de rumores en el sentido de que los tomochitecos se habían levantado en armas por influencia de una mujer llamada Teresa Urrea, que era una suerte de curandera o "chamana" muy conocida en la zona, e incluso venerada, a la que se llamaba "La Santa Virgen de Cabora", pues habitaba en esa población de Sonora. Por la efectividad de sus curaciones, la fama de Teresa Urrea había llegado hasta Chihuahua. Entonces, sin previa averiguación sobre el supuesto levantamiento, el 7 de diciembre de 1891 irrumpió en Tomochic una partida de tropas federales, que venció a los tomochitecos más por la sorpresa que por las armas, pues ellos en realidad no se encontraban en pie de guerra ni esperaban un ataque.

CORRIDO DE TOMOCHIC
Anónimo

Señores tengan presente
lo que les voy a cantar,
el Corrido de Tomochic,
que se ha hecho popular.

El gobierno dio la idea
de acabar con los tomochis
pero de ruda pelea,
le costó sus días y noches
con el 11 y el Noveno Batallón.

Y Rangel en el cerro más alto,
con quinientos no se halla conforme,
y, ¡Ay!, no encuentra vestido que le horme,
porque abajo le aprieta el zapato.

Por el cerro de La Cruz
empezaron a tirar,
esos de pieza rayada
que peleaban con afán.

Y Cruz Chávez les decía:
"No somos tortas de pan
apártense pelones,
que ahí les van
para el 11 y el Noveno Batallón".

Teresita de Cabora de mi amor
en la voz de Cruz resonaba,
y a los pelones el aliento les faltaba
para morir y pelear con honor.

Gritaba un joven valiente:
"Madre mía tú me socorres
que salga a pelear conmigo
ese don Lorenzo Torres".

En Cabora está la gracia
y en Tomochi está el poder,
¡Qué gobierno tan ingrato!,
que no sabe comprender,
con el 11 y el Noveno Batallón.

En la historia se escriben renglones
de esa guerra sangrienta y feroz,

como moscas cayeron pelones
defendiendo a su gobernador.

Las mujeres de la torre
qué buenas para tirar
la sangre que de ellas corre
es sangre de libertad.

Los tomochis se acabaron
y los pelones también,
pero el poder de Dios vive
por ser el Supremo Bien.

Murió el 11 y el Noveno Batallón.
Qué valientes son los tomochis
que supieron morir en la raya,
desafiando la ruda metralla,
defendiendo su suelo y su hogar.

A causa de aquella invasión a su comunidad, completamente injustificada, el pueblo de Tomochic tomó medidas inusitadas: se declararon políticamente independientes del Estado Porfirista e incluso de la Iglesia Católica, creando su propia iglesia sismática, cuyas autoridades máximas fueron, en lo formal, el propio Cruz Chávez, el "Papa" de Chihuahua, y en el terreno litúrgico o espiritual Teresa Urrea, la Santa Virgen de Cabora.

El 27 de diciembre, las tropas del Onceavo Batallón, al mando del capitán Emilio Enríquez, fueron derrotadas por los temochitecos armados, en Álamo de Palomares, y en la acción murió el propio capitán Enríquez.

Entonces llegó otra columna, dirigida por Lorenzo Torres, que tampoco pudo someter a los aguerridos tomochitecos. Pero estos hechos, además de las acusaciones contra Teresa Urrea, provocaron el alzamiento de parte de las etnias Mayo y Pima de Sonora, con Juan Tebas y Miguel Tirigori como jefes, en mayo de 1892. Luego de algunas acciones aisladas, todos los rebeldes se concentraron en Tomochic, mientras que Teresa Urrea era aprendida junto con su padre por las tropas del general Abraham Bandala y llevada prisionera a Cocorit, Sonora.

A esta coalición entre tomochitecos, pimas y mayos se unieron los hombres de la gavilla de Bandidos de Pedro Chaparro, y el 2 de septiembre de 1892 la tropa del general Tomás Rangel fue derrotada por los insurrectos quienes había adoptado con fanática emoción la bandera de la Virgen de Cabora.

La rebelión se había convertido ya en un problema nacional, y para evitar que siguiera creciendo y extinguirla, se reunieron las fuerzas militares de Chihuahua, bajo el mando del general Tomás Rangel, y las de Sonora, comandadas por el coronel Lorenzo Torres, sumando entre ambas 1200 soldados, bien armados y dotados de artillería.

Los federales porfiristas pusieron sitio a Tomochic a partir del 20 de octubre de 1892, y la resistencia, con combates diarios, se prolongó hasta el 29, luego de que los seguidores del Papa de Chihuahua se quedaron sin parque y sin alimentos. Finalmente Rangel acabó con todos los hombres defensores de Tomochic y tomó como prisioneros a los únicos habitantes del pueblo que quedaban, que eran 43 mujeres y 71 niños.

Teresa Urrea, víctima de una gran campaña de desprestigio, fue desterrada y murió en Cliffton, Arizona, el 21 de febrero de 1906.

A la sazón, Heriberto Frías fue teniente del Noveno Batallón de infantería que participó en la represión de Tomochic y quedó profundamente conmovido por la irracionalidad y crueldad que manifestaron sus propios compañeros en aquellas acciones, por lo que, dada su sensibilidad e inteligencia, escribió la novela *Tomochic*, que es un testimonio sincero y dramático de lo ocurrido. Aquella publicación le causó la baja del ejército y un juicio en el que estuvo a punto de ser ejecutado por desacato a los valores patrios y al honor militar.

Otra obra importante sobre este tema es *Peleando en Tomochic*, publicada en 1943 y escrita por otro participante en aquella brutal represión, que fue José Carlos Chávez.

José Santana Rodríguez (1870-1910)

Precursor de la Revolución nacido en Acayucan, Veracruz. Conocido por "Santanón". En 1908, al momento de la rebelión

Magonista, José Santana se afilió al Partido Liberal Mexicano, y en septiembre del mismo año, en San Andrés Tuxtla, Veracruz, Santanón se juntó al grupo de rebeldes magonistas del Istmo de Tehuantepec, que dirigía Cándido Donato Padua. La fama de Santanón corrió por todo el sur del país, y en agosto de 1910, el violento diputado y poeta Salvador Díaz Mirón, mandando tropas rurales, se lanzó infructuosamente a la persecución de Santanón, estableciendo su cuartel en Tlacotalpan, Veracruz. El 20 de septiembre de 1910, la Junta del Partido Liberal Mexicano, con residencia en Los Ángeles, California, extendió a Santanón el nombramiento de Comandante Militar de los Grupos Revolucionarios, por lo menos de los que lograra organizar, este nombramiento aparece firmado por Ricardo Flores Magón y Práxedis Guerrero. A partir de entonces, las elites gobernantes comenzaron a preocuparse por quien ya no tenía el cariz de bandido, sino el carisma de revolucionario; así que el presidente Díaz envió numerosos contingentes a Veracruz, consistentes en varios grupos de rurales, un batallón de soldados y uno de artillería; y por si eso fuera poco, también la Marina participó en la persecución de Santanón, con el cañonero Morelos, que no cumplió su cometido, pues su calado le impedía la navegación fluvial. Finalmente Santanón fue vencido, en las márgenes del río Huasuntlán, por un grupo de rurales comandado por un soldado llamado Francisco Cárdenas, quien se atribuyó la muerte de Santanón, y por ese hecho fue incorporado al ejército regular con el grado de capitán, mismo que ostentaba en 1913, cuando fue la mano que asesinó a Francisco I. Madero.

CORRIDO DE SANTANÓN
Grijalva

A todos los hombres
vengo a saludar,
los que sean de buena acción
y con mucho gusto
les voy a explicar,
los versos de Santanón

Eso le vengo a decir
a todo hombre mexicano:
"Dispénsenme este corrido
si acaso está mal trovado".

Santana Rodríguez,
cuando se dispuso,
luego le mandó avisar,
que se previnieran
cinco batallones,
que los iba a desarmar.

Se dirigió hacia la sierra,
donde tenía citación,
y dijo que ahí esperaba
a Salvador Díaz Mirón.

Este comandante
de aquellos rurales,
de allá, en nuestra capital,
se vino al momento
con su gente armada,
y todos quedaron muertos.

Ese señor comandante,
hombre de resolución,
se comprometió a entregar
el cuerpo de Santanón.

De aquellos soldados
que le hicieron fuego,
catorce nomás mató,
y entonces dijo:
"Sargento primero,
ese hombre es de corazón".

Luego les dijo Santana:
soy esencia de veneno,
hay píldoras suficientes,
todas con punta de acero.

Les dijo Santana:
"yo no soy ladrón,

soy hermano de los indios;
salga usté delante,
señor Díaz Mirón,
que usté es barbero del gringo".

¡Qué viva mi estado!
que es de Veracruz;
soy criollo nacido,
Santana Rodríguez
de San Juan Bautista.*

Ai les va la despedida,
que soy hombre de palabra;
este corrido es compuesto
por el trovador Grijalva.

*Hoy el pueblo se llama: José Santana.

Fue hasta 1928 cuando se confirmó la autoría de Cárdenas en la muerte de Madero. Luego del magnicidio él huyó a Guatemala. En 1928, a petición del gobierno Mexicano, Cárdenas fue arrestado en este país, pero en el transcurso de su arresto, él intentó suicidarse disparándose en la boca; apenas sobrevivió lo suficiente para confesar que él había asesinado a Madero en 1913.

Ramón F. Iturbe

En noviembre de 1910, los antirreleccionistas sinaloenses planearon un levantamiento para el 1° de enero de 1911; pero la conspiración fue descubierta y reprimida el 19 de noviembre de 1910, algunos de los conjurados huyeron, y otros, como Ramón F. Iturbe, optaron por el levantamiento.

Luego de algunas correrías, Iturbe logró reclutar unos cuantos adeptos, y se unió a las filas de Pablo Serrano, Agustín Chairez y Miguel V. Laveaga. Iturbe fue puesto al mando de un contingente de cien hombres y con ellos logró ocupar la población de Tamazula, Durango.

El 27 de febrero, Iturbe, unido a los maderistas de Conrado L. Antuna, y contando con doscientos de tropa, se atrevió a atacar la plaza de Mineral de Topia, Durango, donde Iturbe, más que por capacidad militar y estratégica, triunfó por su astucia, como él mismo cuenta:

CORRIDO DE LA TOMA DE TOPIA
J. Cuauhtémoc Serrano (fragmentos)

En mil novecientos once
sucesos tristes pasaron:
la sangre del mexicano
nuestras tierras empaparon.

Todo por un presidente
que, mancillando su honor,
ha derramado imprudente
en vez del bien, el dolor.

Contra él hoy se levanta
el pueblo todo indignado,
reclamando "Nuestra santa
Constitución se ha olvidado".

Al lado de un gran patriota,
de don Francisco I. Madero,
soldados del suelo brotan,
con corazones de acero.

Y por doquiera se escucha
en cantares y poesías:

"Madero triunfa en la lucha
y pierde Porfirio Díaz".

A este Topia querido
el grito alegre llegó:
"Oíd lo que ha acontecido,
escuchad lo que pasó".

Veintisiete de febrero
es la fecha memorable,
oyóse el "¡Viva Medero!"
a las cuatro de la tarde.

Por el norte aparecieron
los maderistas valientes
y su cuerpo descubrieron
y descubrieron sus frentes.

Gritaban los del gobierno,
entre alegres y asustados:
"Entren a tomar la plaza,
gorderos y desgarrados".

En la calle de Cuauhtémoc
los maderistas pasearon
y hasta las casas del centro
los de Madero llegaron.

Toda la noche se oyeron
los gritos y los bombazos,
los vivas al gran Madero
los cantos y los balazos.

A la mañana siguiente
siendo imposible tomar,
ordena Iturbe a su gente
la población evacuar.

"¡Ah, qué gusto! ¡Les ganamos!"
los porfiristas decían,

dos hombres ya les matamos
y heridos muchos irían.

Iturbe con sus soldados
desconsolados se fueron
pero ya muy reforzados
en marzo nueve, volvieron.

A las once de la noche
el sitio se comenzó,
el fuego nutrido y fiero
dos días enteros duró.

Los porfiristas no hallaban
cómo la vida salvar, desesperados gritaban:
"Ya no queremos pelear".

Ruperto Rodríguez era
el jefe de los sitiados
y fue él quien propusiera
la paz a los pronunciados.

"¡Adiós!", decía don Ruperto
de este Topia me retiro,
el pecho lo llevo abierto
y el corazón dolorido.

Las calles estaban tristes,
todas las tiendas cerradas:
claraboyas por doquiera,
y cuatro casas quemadas.

Los pobres mucho sufrieron
en esos días de tormento,
muchísimos recibieron
del maderista el sustento.

De esa tragedia de Topia
aquí concluye la historia;
no la olvides, que por siempre
grabada está en la memoria.

Cuando íbamos a Topia, en un mineral, tuve malas noticias: por el frente venía una columna de federales, y por la sierra se acercaban las tropas irregulares de Antonio Chaides. Yo no podía combatir contra las dos columnas con mis pocos elementos. Pensé mucho y decidí valerme de una estratagema. Escribí una carta a Antonio Chaides, en la cual le decía que celebraba que hubiera decidido unirse a nosotros, y mandé un propio, poro no adonde Chaides, sino por el camino que debían traer los federales. Naturalmente, el mensajero fue capturado, y el jefe federal leyó la carta que, supuestamente, iba dirigida a Chaides. Ante la evidencia de que Chaides se había unido a nosotros, suspendió el avance de sus tropas, para retirarse a Topia. Yo le propuse que parlamentáramos y así lo hicimos. Les leí el Plan de San Luis, y los jefes federales se retiraron, ofreciendo no luchar cuando atacáramos Topia, cosa que no cumplieron.

Chaides, por su parte, inocente de todo, fue llamado a Topia por los federales y aprehendido. Inmediatamente me comuniqué con sus tropas y les informé que Chaides iba a ser fusilado, ofreciéndome para irlo a liberar. Los serranos se unieron a mí y fuimos a liberar a Chaides. Primero tomamos Canelas, donde se nos incorporaron los Arrieta (Domingo y Mariano). Después nos lanzamos sobre Topia, que estaba en una hondonada y había que bajar por las laderas descubiertas a los fortines de los federales. Un día, a las cuatro de la tarde, di dos veces la orden de avanzar, pero nadie se movió. Por un momento no supe qué hacer. Sin embargo, tenía una banda de música; la llamé y le mandé tocar el himno nacional. Me puse al frente con el abanderado y ordené en ataque. Todos me siguieron.

Tomamos Topia ya de noche, pero en realidad estábamos derrotados; fue cosa de la inexperiencia. Nos apoderamos del pueblo, pero los federales conservaban los fortines. Se corrió la voz de que me habían matado, pero la verdad es que sólo estaba herido. Tuvimos que retirarnos.

Planeamos un segundo ataque y Domingo Arrieta, que se incorporó después, me dio la clave para el éxito. Conocía *bien el lugar y tenía una intuición extraordinaria. "Debemos entrar por donde están las provisiones de agua y cortarlas, me dijo, y luego llegar hasta los cuarteles, no por las calles, sino rompiendo paredes, cruzando a través de las manzanas de casas". Así lo hicimos. Los federales se encontraron, de pronto, rodeados. Prendimos fuego a las puertas de los fortines y tuvieron que rendirse. De esta manera tomamos Topia, haciendo prisionera a toda la guarnición. Naturalmente, libertamos a Chaides, quien también se incorporó a nosotros. No fusilamos a nadie. En realidad, no sabíamos fusilar.*

Domingo Arrieta

Luego de la participación en la toma de Topia, las fuerzas de Domingo Arrieta, separadas de las de Ramón Iturbe, continuaron combatiendo al noroeste del estado de Durango, y el 7 de abril de 1911, sin encontrar resistencia, ocuparon la población de Tepehuanes, conectada por ferrocarril con la capital del Estado y con Santiago Papasquiaro, que sería el siguiente objetivo de Arrieta, habiendo ya reunido un contingente considerable, de unos 1500 hombres. Para enfrentar esa amenaza, el jefe militar del estado de Durango, coronel Prisciliano Cortés, envió al capitán Antonio M. Priani a defender la plaza de Santiago Papasquiaro, estableciendo sus fortines en los lugares más estratégicos de la población. El ataque de los maderistas se llevó a cabo el 16 de abril, y para el 17 ocuparon la población, haciendo prisionero al capitán Priani y consiguiendo con ello uno de los primeros triunfos realmente significativos de la Revolución.

Cándido Navarro

En 1911 se desempeñó como jefe de las fuerzas maderistas en el estado de Guanajuato, habiéndose levantado en armas por vez primera en La Purísima, en febrero de ese año. En rápida trayectoria, durante los siguientes dos meses tomó el Mineral de la Luz, Romita, San Felipe y la ciudad de Silao, en donde derrotó al capitán Septién.

CORRIDO DE MELESIO GARCÍA
Jesús Cortinas Rosales (fragmentos)

"¡Viva Dios, es lo primero!,
¡Vivan los hombres valientes
de don Francisco I. Madero!"

Cuando Francisco I. Madero
hizo la Revolución,
su nombre fue resonando
por todita la nación.

Le decía Chon de la Rosa
al compadre Baldomero:
"Ya se nos vino la bola
y nos vamos con Madero".

En San Antonio de los Bravos
pelió Melesio García
con las tropas federales
del señor Porfirio Díaz.

Se oían sonar los tambores,
se oían sonar los clarines,
quedando bastantes muertos
por toditos los fortines.

Jesús Guajardo e Ismael Ramos
diez mil pesos ofrecían,
tan sólo porque mataran
a don Melesio García.

En la plaza de Matamoros
mataron a don Melesio,
los mismos lo traicionaron,
por amor a diez mil pesos.

Ya con esta me despido,
acordarme más no quiero,
estos fueron los principios
de la guerra de Madero.

Melesio García De León Arguijo

Fue uno de los primeros revolucionarios maderistas que se levantó en armas en el estado de Coahuila, el 20 de noviembre de 1910.

La acción más importante de Melesio García fue en San Antonio de los Bravos, municipio de Torreón, Coahuila, donde sin ayuda de nadie logró contener una avanzada porfirista.

En enero de 1911, Melesio García se incorporó con sus hombres a las fuerzas de Sixto Ugalde, y el 9 de febrero ambos intentaron la toma de Matamoros de la Laguna, Coahuila, logrando ocupar la plaza; sin embargo un contraataque de las tropas federales hizo retroceder a Sixto Ugalde, y en la refriega murió Melesio García.

Luis Moya

Nacido en Zacatecas, antiguo combatiente del grupo de Trinidad García de la Cadena. Cuando estalló la revolución él tenía cincuenta y cinco años y trabajaba en una mina en el estado de Chihuahua. A instancias del jefe maderista Abraham González, Moya se adhirió al Plan de San Luis y se le comisionó para promover la insurrección en su estado natal.

Moya introdujo armas de contrabando de los Estados Unidos y comenzó a reclutar gente; en Chihuahua se le juntó Félix Guzmán y en San Juan de Guadalupe, Durango, se le unieron Pánfilo Natera y los hermanos Santos y José Félix Bañuelos, entre otros.

El 4 de febrero de 1911, con 23 hombres, Moya atacó y ocupó el Mineral de Nieves, Zacatecas, donde sólo encontró resistencia de la policía local. En Nieves, Moya incrementó su contingente a cincuenta hombres y entre los días 12 y 13 de febrero de 1911 intentaron tomar la hacienda de San José del Aguaje, en Durango, pero fueron rechazados por las tropas al mando del mayor Ismael Ramos.

Para abril de 1911, Luis Moya había incrementado sus fuerzas con la anexión de las partidas de varios jefes de Zacatecas, Durango y Aguascalientes, como Manuel Ávila, Manuel Caloca Castañeda, Casimiro Monraz, Enrique Vega y Pablo Jáuregui. Con un total de cuatrocientos hombres, Luis Moya decidió atacar la cuidad de Zacatecas, el 9 de abril de 1911. Zacatecas estaba defendida por el teniente Luis G. Pradillo, quien, contando con 136 hombres, de tropas regulares e irregulares, dispuso el afortinamiento de sus efectivos en los lugares más estratégicos de la ciudad.

MUERTE DE MOYA EN LA TOMA DE SOMBRERETE

Domingo siete de mayo
del año once al contar,
como a las tres de la tarde,
fue el ataque a comenzar.

Hubo un fortín especial
que llamaba la atención
éste fue el de la parroquia
en la presente ocasión.

Estaban bien guarnecidos
por soldados y rurales,
allí Trucy los mandaba
con treinta y tres federales.

También en este fortín
estaba el teniente Toro,
defendiendo a su gobierno
con lealtad y sin desdoro.

El lunes oscureciendo,
esta guerra fue Troya,
pues una bala certera
mató al coronel Moya.

Las tropas que comandaba
dando guerra sin cuartel
pelearon para vengar
la muerte del coronel.

El ataque a Zacatecas se inició el día 9 de abril, por la mañana, y se continuó hasta el día 10, cuando, sin haber obtenido resultados, los maderistas abandonaron la plaza. Más tarde, en mayo de 1911, las fuerzas conjuntas de Luis Moya, Martín Triana, Pablo Méndez y Máximo Morales, que sumaban unos seiscientos hombres, bajo el mando de Moya, fueron a tomar la población de sombrerete, Zacatecas, que estaba defendida por cinco oficiales y 91 hombres de las tropas regulares e irregulares, bajo el mando del capitán primero Agustín Trucy Aubert. El 4 de mayo, Moya pidió a Trucy la plaza de sombrerete y éste se la negó.

Entre el cinco y el seis, los maderistas sitiaron la plaza e iniciaron el ataque. En el ataque del día siete los federales tuvieron que replegarse y se concentraron en la iglesia del pueblo. El día ocho se produjo una escaramuza en la que perdió la vida el coronel Luis Moya, y los maderistas, enardecidos, hicieron volar con dinamita los fortines que aún quedaban a los federales, fueron muy pocos los que lograron escapar, entre ellos Trucy Aubert.

Martín Triana Guzmán (?-1934)

Nació en Zacatecas y se inició en la lucha revolucionaria al lado de Madero en 1910, combatiendo en el estado de Durango. En 1913 y 1914 luchó contra Victoriano Huerta, teniendo como centro de operaciones la región de San Juan de Guadalupe. Se destacó como uno de los principales jefes de la División del Norte, pero después se pasó al lado de los constitucionalistas, en donde colaboró con el general Álvaro Obregón en la toma de Celaya; también participó en las batallas de León y Trinidad, todas ellas a mediados de 1915. En 1916 alcanzó el grado de general de brigada. Murió en la ciudad de México en 1934.

Martiniano Servín (1882-1915)

En 1912 tomó las armas ante la sublevación de Pascual Orozco. Formaba parte de las fuerzas irregulares comandadas por Francisco Villa, con el puesto de artillero. Combatió a Emilio P. Campa en Parral, Chihuahua. En 1913, como consecuencia de la usurpación de Victoriano Huerta, retornó a las armas y a la artillería de la División del Norte. Participó en 1913 en los ataques de Torreón, Chihuahua, Tierra Blanca y Ojinaga, bajo las órdenes directas Pánfilo Natera. En 1914 destacó su actuación militar en las acciones de Torreón, San Pedro de las Colonias y Paredón. Apoyó a Francisco Villa en su decisión de atacar Zacatecas y sobresalió en el bombardeo de cerro de Loreto. Participó en la Convención de Aguascalientes. Ante la escisión revolucionaria continuó en las filas villistas, quedando bajo las órdenes de Felipe Ángeles y operando con el grado de coronel, más tarde lograría el grado de general brigadier. Murió en combate, el 5 de enero de 1915.

CORRIDO DE LA FUGA DE DON FÉLIX DÍAZ
Anónimo (fragmentos)

Ya se fue don Félix Díaz,
ya se fue para el Japón,
que allá lo manda el gobierno,
a curar su ambición.

Parece que el aire sano
del imperio japonés,

sienta de modo admirable
a quien todo hizo al revés.

La partida de don Félix,
sirve de fin de la historia,
de un cerebro trastornado,
de una persona sin gloria.

Esa decena de horrores,
que trágica se llamó,
trajo lágrimas y duelo
cuando a México tomó.

Quiso quitar a Madero,
del puesto de presidente,
siendo que él fue el elegido
en las urnas libremente.

Sus desaciertos no fueron
a tal grado desastrosos,
que hayan hecho necesario,
cometer tantos destrozos.

Don Félix no quiso creer
que el pueblo no lo apetece
y quiso siempre pelear
por lo que no se merece.

Parentesco y tradiciones
lo ligan con el pasado,
y por aquellas cuestiones
nos hemos escarmentado.

Cuando se fue pa'l Japón
todos quedamos contentos,
pues su guerra sólo dio
llanto, quejas y lamentos.

Se presentó candidato,
para ser el presidente,

sin ver que no hay quien lo vote
porque el pueblo ya es prudente.

Botarlo quisieran todos
muy lejos de esta nación,
y que viva muy dichoso
en la China o el Japón.

Su gobierno no sería,
más de torpe imitación,
del gobierno de su tío
sin ser tiempo ni ocasión.

Félix Díaz

Félix Díaz, sobrino del general Porfirio Díaz, se levantó en armas contra el gobierno de Madero, y en 1912 ocupó el puerto de Veracruz. Una vez recuperada la plaza por el ejército leal al gobierno, Félix Díaz fue hecho prisionero, sometido a juicio militar y condenado a muerte; pero Madero le condonó la sentencia por la de cadena perpetua, en una prisión de la ciudad de México.

En 1913, Díaz fue liberado y se convirtió en uno de los principales protagonistas del golpe de estado contra Madero. A la muerte del presidente legítimo, él mismo se postuló para ocupar la presidencia, en las elecciones convocadas por Huerta y sus adeptos. Al tomar el poder, Huerta prefirió deshacerse de su aliado y lo envió a una supuesta misión diplomática especial en el Japón; pero como Díaz entendió que no encajaba en los planes políticos del dictador, prefirió desembarcar en Cuba y exiliarse en los Estados Unidos.

Victoriano Huerta (1845-1916)

Nacido en Colotlán, Jalisco. Militar de carrera, participó en las campañas de Quintana Roo en 1903 y de Morelos, en 1910. Escoltó hasta Veracruz a Porfirio Díaz después de la renuncia de éste y sofocó la rebelión de Pascual Orozco y la de Zapata, contra Francisco I. Madero. Logró que el presidente lo nombrara comandante militar al producirse el cuartelazo de la ciudadela. Así, en combinación con los sublevados y con el embajador norteamericano Henry Lane Wilson, obligó a renunciar al presidente Madero y al vicepresidente Pino Suárez. Legitimó su poder el 18 de febrero de 1913, con el golpe de estado. Cuatro días después mandó asesinar a Madero y Pino Suárez.

Al finalizar la Decena Trágica, el general Victoriano Huerta ocupó la presidencia de la República de acuerdo al Pacto de la Ciudadela, también llamado "pacto de la Embajada".

La toma del poder por parte de Huerta era una esperanza para la antigua burguesía del país de volver al antiguo orden porfirista, en el que la política estaba al servicio del capital.

Los gobernantes de todos los Estados del país se apresuraron a reconocer al gobierno golpista, con excepción del gobierno de Coahuila, con Venustiano Carranza a la cabeza, y la Legislatura del Estado de Sonora, que desconoció al nuevo gobierno de facto.

Al mes siguiente de la investidura presidencial de Huerta, Venustiano Carranza lanzó el Plan de Guadalupe, el 26 de marzo de 1913, desconociendo el gobierno de Victoriano Huerta y asumiendo el cargo de Primer Jefe del Ejército Constitucionalista y Encargado del Poder Ejecutivo, con la idea de restablecer la democracia y convocar a elecciones, al triunfo de la que ahora se llamaba "Revolución Constitucionalista".

Muchos revolucionarios de origen maderista, de Chihuahua, Coahuila y Sonora, se adhirieron al Plan de Guadalupe y firmaron el Acta de Monclova, el 18 de abril de 1913, con lo que se iniciaban formalmente las acciones contra el gobierno usurpador en los estados del norte del país.

Por otra parte, de los caudillos y jefes revolucionarios que habían desertado de las filas maderistas antes de la Decena Trágica, sólo Pascual Orozco se afilió al gobierno de Huerta.

En el sur del país, el 30 de mayo de 1913, Emiliano Zapata modificó el Plan de Ayala, especificando que su guerra era tanto contra Huerta como contra Pascual Orozco, quien aparecía como jefe en la primera versión del Plan de Ayala. En su modificación al Plan, Zapata apareció como Jefe del Movimiento del Ejército Libertador del Sur. La reacción de Huerta contra los zapatistas fue inmediata, al decretar la ley marcial en el Estado de Morelos, a mediados de 1913, y nombrando al general Juvencio Robles gobernador y comandante militar de Morelos. Robles de hecho declaró la guerra a la población rural de Morelos, lo que le resultó contraproducente, pues al verse presionados de drástica manera, la mayoría de los revolucionarios sureños se unieron al Plan de Ayala y unificados lucharon contra el enemigo común.

En la ciudad de México, una vez asumida la presidencia, Huerta, utilizando las intrigas y la represión, paulatinamente fue deshaciéndose de sus adeptos, los seguidores de Félix Díaz y con ello logró afianzarse en el poder, pero al mismo tiempo esparcir el descontento y el rencor. Huerta ejerció un poder dictatorial por el periodo relativamente corto de 17 meses, contados a partir del 10 de octubre, fecha en que se disolvió el Congreso de la Unión, con el pretexto de reestructurar el gobierno y llamar a elecciones libres para el 26 del mismo mes; pero los grupos que habrían de contender en los comicios fueron nulificados antes de hacer campaña, por lo que el presidente elegido fue el propio Huerta, aunque su legitimidad era más que cuestionable, pues las elecciones no podían ser nacionales, dado que extensos territorios del país en el norte y en el sur eran ocupados por fuerzas adversas a Huerta, de manera que los comicios se celebraron solamente en las zonas ocupadas por las milicias huertistas, y los votantes fueron principalmente los propios soldados, junto con los burgueses y la masa burocrática, es decir, lo que ahora se conoce como "voto corporativo".

Por supuesto, la legitimidad de Huerta, y sobre todo su permanencia en el poder estaba cimentada en la fuerza de las armas, por lo que su meta principal era el aumentar los efectivos del ejército, lo que realizó en corto tiempo, elevando de 50 mil a doscientos cincuenta mil los soldados en activo, lo que consiguió aumentando los salarios al doble y recurriendo a la leva, en forma completamente arbitraria; se dice que unos ochocientos hombres eran reclutados diariamente, a la salida de las fiestas y los espectáculos, además de los presos por delitos comunes a los que se les ofrecía el cambiar su condena por el reclutamiento.

LA FUGA DE UN TIRANO
Marciano Silva

Se fue don Victoriano para la vieja Europa,
como mamá Carlota, buscando a Napoleón;
también don Aureliano Blanquet, cosa chistosa,
decía con voz medrosa: "adiós mi fiel nación".

Dejaron a la patria vistiendo negro luto,
llorando en los sepulcros su mísera orfandad
donde a la vez descansan miles de héroes difuntos
que el proyectil injusto mandó a la eternidad.

Los valientes no corren, señor don Victoriano
y usted y don Aureliano violaron ese honor,

nunca el valor se esconde en pechos mexicanos
sólo huyen los tiranos por miedo al vencedor.

Dijiste que en dos meses vencerías a Zapata,
y la alta aristocracia creyó tal pretensión,
pues cueste lo que cueste la paz se hará en la patria,
y al fin con tus petacas marchaste a otra nación.

Te fuiste, ¡oh!, qué vergüenza, sin valor ni arrogancia.
sin honra ni esperanza a un destierro fatal;
que con la Marsellesa te reciba Francia,
ilustre Sancho Panza del suelo occidental.

Allá en la vieja Europa, asilo de mendigos,
se ocultan los bandidos no sé por qué razón,
no hay ley que desconozca, tal vez como es debido,
los hombres corrompidos a quien dan protección.

Y ahora esos caudillos y jefes voluntarios
que fieles te ayudaron en tu obra criminal
quedan comprometidos y al fin abandonados;
¡pobres decepcionados!, de ejemplo servirán.

La sangre inmaculada que se vertió cruelmente
de seres inocentes sacados de su hogar
irán cual un fantasma con voz triste y doliente
al viejo continente tu sueño a perdurar.

Adiós, don Victoriano, funesto presidente,
al fin, impunemente, te fuiste muy en paz,
por siempre los tiranos, por influencia y por suerte,
se burlan de la muerte y el Código Penal.

Te fuiste a tierra extraña, lejos del reino azteca,
llevando en tus maletas con mucha precaución
tus planes de campaña y esa grande estrategia
con que vendida dejas a la Revolución.

Saluda a Félix Díaz y a Mondragón de paso
y dales un abrazo en prueba de amistad,

por su obra tan impía que los llevó al fracaso,
funesto cuartelazo para la humanidad.

El pueblo mexicano, con alegría sincera,
celebra por doquiera tu desaparición
funesto mariguano, aborto de la tierra;
Dios quiera y nunca vuelvas aquí a nuestra nación.

El exceso de los gastos militares obligó al régimen de Huerta a buscar financiamientos externos, que le fueron proporcionados de manera expedita por influencia del gobierno de los Estados Unidos, pero a cambio de concesiones y con unos intereses tan elevados que pronto el gobierno se encontró en condiciones de grave déficit financiero, lo que causó preocupación en el seno de la burguesía que en principio lo apoyaba, pero que bien entendía que el siguiente paso para hacerse del capital necesario para sostener un régimen que tendía a ser excesivamente caro era el endurecimiento fiscal o bien la simple expropiación de las empresas y haciendas nacionales para venderlas, o bien ofrecerlas como garantía para nuevos préstamos; previendo esa clase de problemas las asociaciones empresariales optaron por tomar la iniciativa de su propia defensa, contratando soldados mercenarios y organizándolos en grupos que llamaron Defensa Social o Acordadas de Haciendas.

Por otro lado, la movilización de los diferentes grupos revolucionarios se fortaleció por las promesas, acciones, planes, leyes y repartos agrarios que se suscitaron: en el sur como resultante del Plan de Ayala; en Tamaulipas con el primer reparto agrario que llevó a cabo el jefe revolucionario Lucio Blanco; la ley agraria de Pastor Rouaix, gobernador de Durango, y los intentos agrarios en los estados sureños de Guerrero y Tlaxcala.

Tal vez a causa de su creciente debilitamiento, el régimen de Huerta comenzó a caer de la gracia del gobierno de los Estados Unidos. A mediados de 1913, el gobierno estadounidense prohibió la exportación de armas hacia México, cualquiera que fuese el cliente.

Para el último tercio de 1913, la correlación de fuerzas comenzó a favorecer a los revolucionarios, llegando a dar muestras de auténtica superioridad, como en el caso de la toma de Torreón por la División del Norte, de Francisco Villa.

A principios de 1914, la política de "vigilante espera" que hasta el momento había mantenido el Congreso de los Estados Unidos cambió radicalmente y se comenzó a presionar al propio gobierno y a las potencias europeas para que se mostraran hostiles al gobierno de Huerta, e incluso se le presionara para que renunciara a la presidencia de México. El presidente Wilson no cesaba de expresar que las acciones en contra de Huerta no eran contra México ni contra los mexicanos; sin embargo, en el mes de febrero de 1914, Wilson dispuso una invasión armada al territorio mexicano, desembarcando tropas en el puerto de Veracruz, acción ésta que supuestamente sólo era contra el gobierno de Huerta, pero en la que murieron alrededor de quinientos mexicanos.

Como respuesta a esta acción, Huerta rompió relaciones con el gobierno norteamericano, y Venustiano Carranza, como jefe del Ejército Constitucionalista, rechazó terminantemente la oferta norteamericana de ayuda a su causa con participación del ejército americano.

Para zanjar las diferencias entre México y los Estados Unidos, el presidente Woodrow Wilson utilizó la mediación de Argentina, Brasil y Chile en las conferencias de Niagara Falls, Canadá. Mientras tanto, los rebeldes del norte, y en especial las huestes de Villa, habían ocupado los estados norteños del país y habían recuperado la ciudad de Torreón en 1914; misma que los huertistas habían ocupado en diciembre de 1913. Por su parte, los revolucionarios zapatistas habían logrado ya dominar prácticamente todo el estado de Morelos.

La represión huertista se extendió también a las organizaciones obreras, especialmente a la Casa del Obrero Mundial COM, por lo que algunos de sus miembros engrosaron las filas del zapatismo. Para el 27 de mayo de 1914, la COM fue clausurada.

En esta nueva etapa de la Revolución, las fuerzas opuestas al gobierno ocupaban cada vez mayor cantidad de territorio; así, el 20 de julio de 1914, Zapata llegó a ocupar Milpa Alta, a unos cuantos kilómetros de la ciudad de México, y el 23 de junio, en medio de una desavenencia jerárquica con Venustiano Carranza, Francisco Villa ocupó la ciudad de Zacatecas, que fue la acción más relevante de la lucha en contra de la dictadura de Huerta.

En un intento de unificar criterios entre el jefe del Ejército Constitucionalista: Venustiano Carranza, con el general de la División del Norte: Francisco Villa, los subalternos de ambos organizaron las pláticas que llevaron al Pacto de Torreón, mismo que se firmó el 8 de julio de 1914.

Una vez ocupada Zacatecas, el avance de los ejércitos constitucionalistas fue incontenible y, a finales de julio, los ejércitos revolucionarios del noreste y del noroeste, sin incluir a la División del Norte, se juntaron en la ciudad de Querétaro.

Ante la inminente derrota, tras la carga de los constitucionalistas, Huerta dejó la presidencia en manos de Francisco S. Carvajal, y el 13 de agosto de 1914 los revolucionarios constitucionalistas obtuvieron la rendición incondicional de los últimos restos de la dictadura, con la firma de los Tratados de Teoloyucan y para el 20 de agosto, el general Álvaro Obregón, con el ejército del noroeste, ocupó la ciudad de México.

Huerta se exilió en Europa, pero meses después viajó a Nueva York y de ahí intentó trasladarse a la frontera mexicana, tal vez con el afán de internarse en el país; pero fue hecho prisionero y llevado al fuerte Bliss, donde recayó de una cirrosis hepática que venía padeciendo desde tiempo atrás a consecuencia de su alcoholismo; finalmente murió en prisión el 13 de enero de 1916.

Ildefonso Cipriano Green Ceseña

Nació el 23 de enero de 1830, en Cabo San Lucas, Baja California. Participó en la Guerra de Reforma, al lado del Partido Liberal, y durante algún tiempo ocupó el cargo de presidente municipal de San José del Cabo, Baja California Sur. En 1911, Green apoyó la revolución maderista y luchó en contra de la dictadura de Huerta en 1913. Más tarde, a pesar de su avanzada edad, se incorporó a las fuerzas constitucionalistas de su región, al mando del general Urbano Angulo, gobernador carrancista del territorio de Baja California Sur.

Pánfilo Natera (1882-1951)

Revolucionario nacido en San Juan de Guadalupe, Durango. Se unió a la Revolución de 1910 y luchó contra Pascual Orozco y contra el gobierno de Huerta. Participó en las campañas de Zacatecas, Aguascalientes, Jalisco y Durango. A medida que incrementaba su territorio, Natera iba engrosando sus fuerzas con la anexión de los contingentes de los jefes Pedro Caloca, Roque García, Tomás Domínguez y José Trinidad Cervantes. Sintiéndose fuerte, Natera decidió lanzarse a la toma de Zacatecas, lo que ya se había intentado en abril, bajo el mando de Luis Moya, sin éxito. Natera inició la batalla en la madrugada del 5 de junio de 1913, y el triunfo se logró hasta la noche del día 6, al retirarse los federales con rumbo a Aguascalientes.

Unido a Francisco Villa asistió a la Convención de Aguascalientes, y en 1915 se incorporó a los constitucionalistas. Fue gobernador provisional de su estado y al triunfo del Plan de Agua Prieta fue a vivir a la ciudad de México. En 1923 combatió al delahuertismo. Tuvo altos cargos militares y llegó a ser gobernador constitucional de su estado, de 1940 a 1944.

Toribio Ortega Ramírez (1870-1916)

Nació en Coyame, distrito de Iturbide, Chihuahua, el 16 de abril de 1870. Sus padres, Teodoro Ortega e Isidora Ramírez, se trasladaron a Cuchillo Parado, lugar donde Toribio se crió y convivió toda su infancia, pues allí realizó sus estudios primarios. A los catorce años trabajó como dependiente en una tienda propiedad de Mariano Sandoval en la Ciudad de México. Regresó a Cuchillo Parado en 1896, estableciéndose como pequeño comerciante. Desde entonces se manifestó en contra del caciquismo de los Creel y los Terrazas, a nivel Chihuahua; de Ezequiel Montes en su pueblo y en contra de las supuestas anticonstitucionales jefaturas políticas. También fue ministro protestante en su pueblo natal.

Adversario del régimen de Porfirio Díaz, fue presidente del Club antirreleccionista de Cuchillo Parado, que apoyó la fórmula Madero-Vázquez Gómez en contra de la de Díaz-Corral. Fue el primero en levantarse en armas contra Porfirio Díaz. El 14 de noviembre de 1910, al frente de 70 soldados —en su mayoría desarmados pues eran campesinos— tomó Cuchillo Parado. Se alió al jefe del movimiento maderista en Chihuahua, Abraham González, bajo las órdenes directas de Pascual Orozco, con quien participó en el combate de Ojinaga y en la toma de Chihuahua. Alcanzó el grado de teniente coronel. A la firma de los Tratados de Ciudad Juárez regresó a su pueblo y reanudó sus antiguas actividades comerciales.

Volvió a las armas en 1912 para combatir a las fuerzas orozquistas que se habían rebelado contra Francisco I. Madero; operó al frente de 180 soldados, integrado a las fuerzas del militar federal Agustín Sanginés con quien combatió en distintos frentes del estado de Chihuahua tales como Cuesta del Gato, Cuchillo Parado y Coyame; participó en la Batalla de Bachimba, donde Victoriano Huerta aniquiló por completo al orozquismo. Por méritos en campaña fue ascendido a Coronel.

Regresó a su pueblo por poco tiempo, pues retomó las armas a raíz de la Decena Trágica y el movimiento constitucionalista. Se incorporó a las fuerzas que comandaba Francisco Villa en San Buenaventura, Chihuahua, y fue nombrado segundo al mando de su brigada. Hizo campaña en su estado, participando en las batalla de San Andrés, Ciudad Camargo, Avilés y muchas otras. Al poco tiempo organizó y jefaturó la Brigada "González Ortega", de la División del Norte constitucionalista. Con ella participó en el ataque de Chihuahua, la toma de Ciudad Juárez y las batallas de Tierra Blanca y Ojinaga. En la toma de Torreón, ya con el grado de general brigadier, desempeñando importante función; desde entonces se consolidó como uno de los hombres más importantes del villismo. Ante la escisión revolucionaria de finales de 1914 continuó al lado de Francisco Villa. Realizó campaña militar por San Pedro de las Colonias, Saltillo, Monterrey y Zacatecas. Enfermó seriamente y Francisco Villa tomó la decisión de enviarlo a la ciudad de Chihuahua, donde murió en 1916, a causa de la tifoidea.

José Isabel Robles (¿- 1917)

Nació en Jalpa, Zacatecas, a finales del siglo XIX. Ingresó a las filas constitucionalistas y operó en la región limítrofe entre la

Comarca Lagunera, Durango y Zacatecas. Como jefe independiente participó en el frustrado ataque a Torreón a mediados de 1913. Luego se integró a la División del Norte villista y participó en la batalla de Chihuahua, en noviembre de dicho año. En marzo de dicho año fue comisionado a Durango: en tanto que las fuerzas villistas atacaban a Torreón el debía cortar la comunicación ferroviaria al enemigo e incorporarse más tarde en el ataque de la plaza. En dichos combates fue herido, pero se recuperó pronto e intervino en las acciones de San Pedro de las Colonias y Paredón. Más tarde ocupó la ciudad de Saltillo, con lo que coronó su actuación militar, consolidándose como uno de los principales jefes villistas. A principios de junio de 1914, Venustiano Carranza le ordenó marchar con sus tropas sobre Zacatecas, como refuerzo de Pánfilo Natera y Domingo Arrieta. Junto con Francisco Villa y los demás jefes de la División del Norte decidió no acatar las órdenes del Primer Jefe; resolvieron en cambio que la División entera atacara Zacatecas, decisión que resultó sabia militarmente, y renovadora, políticamente.

Asistió a la Convención de Aguascalientes como representante de la División del Norte; firmó por el desconocimiento de Venustiano Carranza como Primer Jefe y luchó por la convención cuando sobrevino la lucha de facciones. En efecto, fue ministro de Guerra y Marina durante la presidencia de Eulalio Gutiérrez Cruz; en enero de 1915 protegió su huida de la ciudad de México, con el cual rompió con el villismo. Meses después, reconoció a Venustiano Carranza, quién lo comisionó a Oaxaca para combatir a los ejércitos soberanistas. Sin embargo, en 1916, desconoció nuevamente a Carranza. Fue capturado poco después de su rebelión, encontrándose enajenado de sus facultades mentales. Murió fusilado en el Campo Marte de la ciudad de Oaxaca, el 2 de abril de 1917.

Tomás Urbina

Originario del estado de Durango, Tomás Urbina participó activamente en la lucha en contra de la dictadura de Huerta, al lado de las fuerzas constitucionalistas. En junio de 1913, habiendo fracasado en dos ocasiones en el intento de tomar la ciudad de Durango, las fuerzas revolucionarias se reunificaron, creando el Ejército Popular Revolucionario de Durango, otorgándose el mando a Tomás Urbina. Éste era un contingente poderoso, pues contaba con unos cinco mil hombres, provenientes de las fuerzas de Calixto Contreras, Orestes Pereyra, Domingo y Mariano Arrieta, Sergio y Matías Pazuengo, además de Pánfilo Natera, quien apoyaría las acciones desde Zacatecas, cortando las comunicaciones de Durango con el resto del país.

La victoria en la toma de Durango no fue difícil, dada la superioridad numérica de los revolucionarios, y se cumplió entre los días 17 y 18 de junio, de 1913. Una vez posesionados de la plaza, los revolucionarios nombraron como gobernador del Estado de Durango al ingeniero Pastor Rouaix, quien, el tres de octubre de ese año promulgó la primera ley agraria del país, así como algunos decretos en contra de los intereses del grupo conservador y de la Iglesia.

Julián C. Medina (1895-1922)

Militar de orientación básicamente villlista que llegó a ser gobernador interino de Jalisco. Nació en Hostotiapaquillo, Jalisco, en 1895. Perteneció a las fuerzas del general Francisco Villa, quién lo nombró gobernador interino de su estado, del 17 de diciembre de 1914 al 17 de abril de 1915, ya que es en ese año cuando pierde la ciudad de Guadalajara por las fuerzas del General Francisco Murguía, y a pesar de la ayuda de Rodolfo Fierro y Calixto Contreras. Ya antes había tomado la ciudad con éxito en 1914 junto a Rafael Buelna. Fue delegado de la Convención de Aguascalientes en octubre de 1914, y el 31 de ese mes votó por el retiro de Venustiano Carranza como Primer Jefe.

Calixto Contreras Espinosa (1867-1918)

Nació en San Pedro de Ocuila, Cuecamé, Durango, el 18 de octubre de 1867, hijo de Valentín Contreras y de Refugio Espinoza. Realizó su educación primaria en San Pedro Ocuila e interrumpió sus estudios para trabajar de minero debido a la condición socioeconómica de sus padres. En 1905 protestó contra los despojos de las tierras en pueblos de Ocuila y Santiago, por lo que fue reclutado por la leva como soldado raso del Ejército Nacional. Tomó parte muy activa en el levantamiento maderista del 20 de noviembre de 1910, operando en su estado natal. Durante la presidencia de Francisco I. Madero formó parte del nuevo tipo de Cuerpo Rural, y luchó contra el orozquismo. Se relevó en Cuencamé a causa de la Decena Trágica y de la presidencia de Victoriano Huerta. En abril de 1923 atacó Durango junto a Orestes Pereyra, y fueron rechazados por las tropas del jefe irregular Jesús *"Cheche"* Campos. Fue hasta junio que lograron tomar dicha plaza, pero bajo la jefatura del General Tomás Urbina y con la colaboración de Domingo Arrieta y hermanos. Esta toma se caracterizó porque las tropas rebeldes realizaron grandes desmanes contra los vencidos y la población civil. Fue allí donde emitió la moneda "Tres estrellas", con valor de veinte pesos en oro, plata y cobre.

Bajo la jefatura regional de Tomás Urbina y por la creciente influencia de Francisco Villa, Contreras pasó a la División del Norte y participó en las batallas de Torreón, Gómez Palacio y Lerdo. Sobresalió en las tomas de Torreón y Zacatecas; para junio de 1914 era uno de los principales generales de la División del Norte. Formó parte de la comisión que fue a Morelos a invitar a los zapatistas a la Convención de Aguascalientes, en la cual participó. Durante la guerra entre ambos bandos estuvo al frente de las tropas villistas que ocuparon Guadalajara: Rodolfo Fierro y él fueron derrotados por los Generales Manuel M. Diéguez y Francisco Murguía, quienes los despojaron de dicha plaza en enero de 1915 cuando derrotaron a la última base del General Julián Medina. Participó en las célebres batallas de Celaya y Trinidad, entre abril y junio del mismo año. Murió en la Batalla de La labor de Guadalupe, del municipio de Cuecamé, Durango en 1918.

Maclovio Herrera Cano (1879-1958)

Nació en San Juanico, Chihuahua el 15 de noviembre de 1879, en el seno de una familia de mineros. Su padre fue José de la Luz Herrera y su madre Florencia Cano. Su hermano Luis Herrera Cano llegó a general en la Revolución. Sus estudios fueron escasos: sólo tuvo rudimentarias nociones de lectura y escritura. Trabajó en la mina *"La Palmilla"*, propiedad de Pedro Alvarado.

Desde 1909 simpatizó con el antirreeleccionismo; en concordancia con el Plan de San Luis se levantó en armas en noviembre de 1910, en Ciudad Hidalgo, como parte de las tropas de Guillermo Vaca, quien murió en uno de los combates; los sobrevivientes de la tropa resolvieron agruparse bajo el mando de Maclovio Herrera. Durante la lucha contra Porfirio Díaz también luchó en Durango, unido a Jesús Agustín Castro, con quien tomó Indé; con Manuel Chao se posesionó de Hidalgo del Parral, Chihuahua. Después de la abdicación de Porfirio Díaz y los Tratados de Ciudad Juárez, sufrió el licenciamiento de gran parte de sus tropas, quedando como teniente coronel y como segundo al mando del 40o. Cuerpo Rural. Ante la defección de Pascual Orozco tomó las armas en defensa de Francisco I. Madero. Primeramente operó bajo las órdenes de José de la Luz Soto, jefe de la guarnición de la plaza de Hidalgo del Parral, pero luego éste titubeó en decidir si luchar por un bando u otro, por lo que desarmó a la tropa de Soto y tomó el mando. Operó en los estados de Chihuahua y Sonora, y se coordinó con las fuerzas de Francisco Villa para derrotar a Emilio P. Campa y a José Inés Salazar. Villa fue aprehendido por Victoriano Huerta y Maclovio Herrera lo sustituyó en la jefatura del Batallón *"Benito Juárez"*. Continuó la campaña con acciones en Chihuahua, Bachimba, Janos y Sierra de Ojitos.

En 1913 fue uno de los primeros en rebelarse contra Victoriano Huerta; se unió a las fuerzas de Manuel Chao y con ellas atacó Ciudad Camargo; luego tomó la plaza de Santa Ana, defendida por quinientos federales huertistas. Operó entre la zona limítrofe entre Chihuahua y Durango. En agosto de ese año, ya como general brigadier, unió su prestigio al de la División del Norte. Al lado de Francisco Villa participó en la primera toma de Torreón, en la ocupación definitiva de Ciudad Juárez, en el ataque frustrado a Chihuahua; en noviembre de 1913 fue, con su famosa caballería, el ejecutor principal y el héroe de la victoria villista en la Batalla de Tierra Blanca. En 1914 participó en los triunfos de Torreón, San Pedro de las Colonias y Zacatecas, al frente de la ya mencionada Brigada *"Benito Juárez"*. Para entonces era uno de los principales jefes de la División del Norte.

Ante la escisión revolucionaria se negó a desconocer a Venustiano Carranza como primer jefe de la revolución, lo que enfureció a Francisco Villa que juró acabar con la familia Herrera. En su persecución envió a Manuel Chao y a Rosalío Hernández, con órdenes de fusilarlo. Sin embargo, en las luchas contra las fuerzas convencionistas, Maclovio Herrera triunfó en Hidalgo del Parral, derrotando a la guarnición villista al mando, precisamente de Chao, Hernández y Baca Valdés. Operó también en Coahuila, y en Tamaulipas, donde derrotó a los villistas comandados por Orestes Pereyra. Carranza lo designó comandante militar de Coahuila, para que recuperara el territorio y moral perdidas en Ramos Arizpe por Antonio I. Villareal. En marzo de 1915 fue atacado por los villistas en Sabinas y Aguijita, retirándose a Piedras Negras. El 17 de abril de 1915, cuando la situación empezaba a mejorar para los constitucionalistas, embarcó a su tropa en un convoy ferrocarrilero cerca de Nuevo Laredo, Tamaulipas, pero al acercarse a caballo al tren murió a manos de sus propios soldados, que lo desconocieron. Villa cumplió su amenaza, pues Luis Herrera Cano murió en 1916 combatiendo a los villistas en Torreón, Coahuila, y su padre, José de la Luz Herrera, fue fusilado por órdenes de Villa en 1918, cuando ocupó Parral, junto con otros dos de sus hijos.

LA ADELITA
Anónimo

Y Adelita se llama la joven
que yo quiero y no puedo olvidar;
en el mundo yo tengo una rosa
y con el tiempo la voy a cortar.

Si Adelita quisiera ser mi esposa,
si Adelia fuera mi mujer,

le compraría un vestido de seda
para llevarla a bailar al cuartel.

Adelita, por Dios te lo ruego,
calma el fuego de ésta mi pasión;
porque te amo y te quiero rendido
y por ti sufre mi fiel corazón.

Si Adelita se fuera con otro,
le seguiría la huella sin cesar,
si por mar, en un buque de guerra,
si por tierra en un tren militar.

Soy soldado y mi patria me llama
a los campos que vaya a pelear,
Adelita, Adelita de mi alma,
no me vayas por Dios a olvidar.

Por la noche, andando en el campo,
si el clarín que toca a reunión,
yo repito en el fondo de mi alma,
Adelita es mi único amor.

Si supieras que ha muerto tu amante,
rezarás por mí una oración,
por el hombre que supo adorarte
con el alma, vida y corazón.

Toca el clarín de campaña a la guerra
salga el valiente guerrero a pelear
correrán los arroyos de sangre,
que gobierne un tirano, jamás.

Y si acaso yo muero en campaña,
y mi cuerpo en la sierra va a quedar,
Adelita, por Dios te lo ruego,
que con tus ojos me vayas a llorar.

Ya no llores, querida Adelita,
ya no llores, querida mujer,

no te muestres ingrata conmigo,
ya no me hagas tanto padecer.

Me despido, querida Adelita,
ya me alejo de mi único placer,
nunca esperes de mi alma cautela
ni te cambio por otra mujer.

Me despido, querida Adelita,
de ti un recuerdo quisiera llevar,
tu retrato lo llevo en mi pecho
como escudo que me haga triunfar.

Conque, quédate Adelita querida,
ya me voy a la guerra a pelear,
la esperanza no llevo perdida
de volverte otra vez a abrazar.

Domingo Arrieta León (1874-1962)

Nació en Vascogil, municipio de Canelas, Durango, el 4 de agosto de 1874 en pleno corazón de las quebradas; fue hijo de un matrimonio humilde formado por el señor Teófilo Arrieta y la señora Soledad León. Desde sus años mozos se vio obligado a trabajar en las minas y en la arriería, transportaba metales a lomo de bestia y llevaba mercancías a las minas de la región. Esto hizo posible que al paso del tiempo conociera con perfección la geografía y la intrincada topografía del terreno en diversas zonas de la Sierra Madre Occidental, en el Noroeste de

Durango. En esta etapa de su vida observó no sólo con tristeza sino con indignación la explotación de que eran objeto los trabajadores de las minas, así como del saqueo constante de los recursos naturales propios. La precaria estabilidad política y social se había mantenido con injusticias cometidas en detrimento de jornaleros, campesinos y, en general, de la gente más desamparada del México de ese entonces; sobre todo en perjuicio de los ciudadanos que habitaron aquellas apartadas regiones, localizadas en puntos carentes de toda comunicación. Todo ello hubo de provocar unificación de criterios entre los mexicanos vapuleados por la dictadura y un estado de alerta para lanzarse en cualquier momento a la lucha y así conquistar los derechos humanos más elementales. El levantamiento de Francisco I. Madero, llevado a cabo el 20 de noviembre de 1910, tuvo influjo en todos los Estados y regiones de la República. En la sierra de Durango, Domingo Arrieta y sus hermanos fueron de los primeros en tomar las armas. En esta hazaña les siguieron infinidad de vecinos, tanto de las quebradas como de la propia serranía. Militó en las filas del antirreleccionismo y en 1910, se pronunció a favor del Plan de San Luis, lanzándose a la lucha el 20 de noviembre junto con sus hermanos José, Mariano y Eduardo. Entre diciembre de 1910 y mayo de 1911 encabezaron a los grupos rebeldes de su localidad, y unidos a otros grupos sitiaron y tomaron Santiago Papasquiaro en abril; luego continuaron hacia la ciudad de Durango, la cual tomaron el mes de mayo, al celebrarse los Tratados de Ciudad Juárez. Al triunfo del movimiento maderista se le expidió el grado de Coronel, y formó con su tropa el Regimiento Auxiliar de Caballería "Guadalupe Victoria", encargado de guarnecer la ciudad de Durango. En 1913, al ocurrir el cuartelazo de Victoriano Huerta volvió a levantarse en armas, adhiriéndose al Plan de Guadalupe; dirigió la lucha en su estado, junto a su hermano Mariano Arrieta León, Calixto Contreras y Orestes Pereyra. En abril de 1913 sitiaron la ciudad de Durango; aunque fracasaron lograron tomar la Ciudad el 18 de junio, con la ayuda de Tomás Urbina. Esta población no la volvió a recuperar el gobierno huertista en su lucha contra los rebeldes, los que instalaron un gobierno provisional y nombraron gobernador al ingeniero Pastor Rouaix. En agosto de 1913, Venustiano Carranza se detuvo en Durango, en su camino a Sonora y conferenció con los hermanos Arrieta y el gobernador local. Domingo Arrieta fue ascendido a General, con el carácter de Comandante Militar en el Estado. En los últimos meses de ese año cooperó con Álvaro Obregón cuando este emprendió su campaña hacia el sur, por el estado de Sinaloa; participó en la Toma de Culiacán en el mes de noviembre de 1913. En marzo de 1914 a pesar de la orden de Venustiano Carranza de que las fuerzas militares disponibles en la parte norte-centro del país apoyasen en la Batalla de Torreón, las fuerzas de los hermanos Arrieta fueron eximidas de participar por la desconfianza que había entre éstos y Francisco Villa. Las razones de la discordia no son claras, pero sí fueron sus consecuencias: Villa amenazó, en abril, con imponer la paz en Durango aún mediante la ejecución de algunos jefes antihuertistas. En junio de 1914, Venustiano Carranza, en su afán por adelantarse a Villa, ordenó la conquista de Zacatecas al General Pánfilo Natera, Jefe de la Primera División del centro y a los hermanos Arrieta; el infructuoso ataque tuvo lugar entre los días 9 y 14 de junio. Obviamente, en el conflicto Villa-Carranza, en septiembre de 1914, Domingo Arrieta permaneció leal a Carranza y emprendió una activa campaña contra los villistas, al grado que logró desalojarlos del estado de Durango. Estuvo representado en la Convención de Aguascalientes por Clemente Osuna, votando a favor de Venustiano Carranza.

Restablecido el orden constitucional fue electo gobernador de Durango, cargo que desempeñó de agosto de 1917 a mayo de 1920; durante su gobierno protestó por el lento paso de la reforma agraria. A la muerte de Venustiano Carranza desconoció al gobierno de Adolfo de la Huerta y se levantó en armas. Se amnistió con el presidente Álvaro Obregón, quién le reconoció el grado de General de Brigada. De 1936 a 1939 fue senador de la República por su estado natal; en 1940 se le concedió el grado de divisionario. Murió en la ciudad de Durango el 18 de noviembre de 1962.

Mariano Arrieta León (1882-1958)

Nació en Canelas, Durango. Fue hijo de Teófilo Arrieta y Soledad León. De origen campesino, no tuvo estudios; se dedicó a la arriería y a los trabajos mineros desde su juventud, pero también trabajó de jornalero y campesino en su región. Militó en las filas del antirreleccionismo por su hermano Domingo y en 1910, se pronunció a favor del Plan de San Luis, lanzándose a la lucha el 20 de noviembre junto con sus hermanos José, Domingo y Eduardo, en 1911 encabezó a los rebeldes de la región, participando en el asedio de la ciudad de Durango. En 1913, tomó las armas contra Victoriano Huerta, y tras la caída federal en Durango marchó sobre Culiacán. Al igual que su hermano Domingo, fue también causa de dificultades entre Francisco Villa y Venustiano Carranza. En la Convención de Aguascalientes fue representado por el Coronel Ramos Prado, pero luego permaneció leal a Carranza. En 1915, fue gobernador provisional constitucionalista de Durango por algunos meses. Llegó a General de Brigada con antigüedad del 5 de agosto de 1913. Murió en 1958, a la edad de 76 años de edad, en la pobreza, en el interior de un auto que el general Lázaro Cárdenas del Río le obsequió.

El más famoso corrido de la Revolución Mexicana: La Adelita, se generó en las tropas de los hermanos Arrieta; sus soldados lo entonaban casi como un himno de batalla, por lo que se les llegó a llamar "los adelitos".

Julián Medina (1895-1922)

Nació en Hostotipaquillo, Jalisco. Fue militante leal a Villa, quien lo nombró gobernador interino de su estado del 17 de diciembre de 1914 al 17 de abril de 1915, siendo ese el año en que perdió la ciudad de Guadalajara ante las fuerzas del general Francisco Murguía, a pesar del apoyo de Rodolfo Fierro y Calixto Contreras. Fue delegado a la Convención de Aguascalientes en octubre de 1914, y el 31 votó por el retiro de Venustiano Carranza como Primer Jefe.

Alejandro Vega

Habiendo trabajado como pagador de un cuerpo de artillería del ejército federal, en la sierra de Puebla, desertó y se afilió al constitucionalismo en 1913, haciendo que se le unieran varios jefes revolucionarios de la Huasteca veracruzana, pues hábilmente logró convencerlos de que tenía conocimientos de artillería y manejo de armas, por lo que se transformó en el general en jefe de todos los revolucionarios de la Huasteca. Al mando de su improvisado ejército en su primera acción bélica logró tomar el poblado de Papantla, en Veracruz, el 24 de junio de 1913. Una vez ocupado Papantla, Vega convenció a su tropa de lanzarse a la toma del puerto de Tuxpan, pero en el camino fueron sorprendidos por las tropas del Duodécimo Batallón de Infantería, y en la acción murió el general Vega.

Ambrosio Figueroa Mata

Nacido en Huitzuco, Guerrero. Se afilió al maderismo en 1910. Del 14 de octubre de 1911 al 22 de julio de 1912 fungió como gobernador del estado de Morelos y durante su gestión el Ejército Federal combatió duramente a los zapatistas. Figueroa, con sus tropas guerrerenses, se distinguió en la represión a los zapatistas y fue herido en combate en los tiempos en que tomaba el poder Victoriano Huerta. Estando hospitalizado, Huerta reconoció su cargo y lo comisionó para pacificar, por la vía parlamentaria a los levantados antihuertistas en Guerrero, entre los que se encontraban sus hermanos Rómulo y Odilón, quienes se negaron a deponer las armas. Ante el fracaso de su encargo, Huerta lo consideró traidor y lo condenó a muerte. La ejecución se llevó a cabo el 10 de agosto de 1913; convaleciente todavía de sus heridas, Figueroa tenía que usar muletas, por lo que prefirió recibir la descarga de fusilería sentado en una silla.

CORRIDO DE JUAN CARRASCO
Anónimo

Carrasco quedó sentido
por la muerte de Madero,
por eso se levantó,
con la gente de El Potrero.

Juan Carrasco se paseaba
en su caballo alazán:
"No pierdo las esperanzas
de pasearme en Mazatlán".

Su hijito le decía:
"Padre mío, no te metas,
ahí vienen los federales
por el río de Acaponeta".

Juan Carrasco ambicionaba,
la libertad de su pueblo

y le gritaba a su gente:
"Si no cumplo, me cuelgo".

Decían que no traía parque
y que traía malas armas,
en el pueblo de El Quelite,
les avanzaron las cargas.

Corrían los federales
por toditas las labores,
del miedo que le tenían
a Carrasco y a Ángel Flores.

Como que quiere hacer aire,
como que quiere llover,
el que no quiera a Carrasco
... algo le va a suceder.

Decía el capitán Del Río,
que era hombre y no se rajaba,
que le echaran a Carrasco,
que él solo lo derrotaba.

Carrasco cuando lo vio
le dijo que se rindiera,
el capitán le contestó:
"¡No me rindo aunque me muera".

Vuela, vuela, palomita,
descansa en aquel peñasco;
aquí acaba el corrido
del Valiente Juan Carrasco.

Juan Carrasco (1876-1922)

Nació en 1876 en Puerta de Canoas, Sinaloa. Se le conocía como "El calero", porque de joven se dedicó al negocio de la cal. En 1910 se adhirió al Plan de San Luis.

En 1913, Carrasco se unió al Plan de Guadalupe, en El Potrero, Sinaloa, y su primera acción contra los huertistas se llevó a cabo en El Quelite, en abril de 1913. Carrasco y su gente siguieron peleando en la región sur del estado de Sinaloa, y el 9 de septiembre Carrasco tomó la población de Quila, uniéndose a las tropas del general Ramón E. Iturbe y de Ángel Flores. Al momento de la llegada de las tropas del Ejército del Noroeste al estado de Sinaloa, los revolucionarios sinaloenses tenían el dominio casi total de la entidad, con excepción del puerto de Mazatlán. La carrera de Juan Carrasco siguió después de la caída de Huerta, pero finalmente fue asesinado en Nayarit el 8 de noviembre de 1922.

Eugenio Aguirre Benavides (1844-1915)

Nacido en Parras, Coahuila. Combatió contra Pascual Orozco y colaboró con Francisco Villa en la División del Norte, de la cual fue uno de los jefes más renombrados. Apoyó los acuerdos de la Convención de Aguascalientes. Fue Subsecretario de Guerra en el régimen de Eulalio Gutiérrez, y finalmente fusilado en Matamoros, Coahuila.

Joaquín Amaro (1889-1952)

Militar nacido en Corrales de Agrefo, Zacatecas. Miembro de una familia de jornaleros pobres llegó a adquirir una gran cultura y dominó varios idiomas. Participó activamente en la Revolución y ejerció el cargo de Secretario de Guerra y Marina en tres regímenes presidenciales. Desde 1931 hasta 1935 dirigió el Colegio Militar. Es considerado como el organizador del actual ejército mexicano. Murió en la ciudad de México.

Felipe Ángeles (1869-1919)

Militar nacido en Zacuiltipán, Hidalgo. Estudió en el Colegio Militar, donde se especializó en el arma de artillería. Durante el porfiriato fue enviado a Francia para perfeccionar su preparación militar. Al tomar partido por la Revolución se unió al presidente Madero y combatió a los zapatistas. Participó en la Decena Trágica y fue aprehendido junto con Madero y Pino Suárez, pero no se le ejecutó, sino que se simuló una comisión en Europa con objeto de desterrarlo. En 1913 se unió a la Revolución Constitucionalista y se puso al servicio de Francisco Villa, con quien alcanzó las victorias más significativas de la lucha armada, como las obtenidas en Zacatecas y Torreón, en las que fue crucial su capacidad como estratega. Cuando el gobierno de los Estados Unidos reconoció a Carranza, en 1915, Ángeles marchó al exilio y desde ahí escribió varios artículos que defendían el sentido de su política, de tendencia socialista y fundamentada en las obras de Marx y Engels. En 1918 se reunió otra vez con Villa, pero entró en contradicción ideológica con el caudillo, por lo que se separó de la División del Norte, pero fue hecho prisionero, sujeto a Consejo de Guerra, sentenciado a muerte y ejecutado.

José María Maytorena

Fue gobernador de Sonora y partidario de Madero, comenzó la campaña de reclutamiento de soldados para combatir a Pascual Orozco, que se levantó en armas contra el gobierno maderista. Obregón, que se había mostrado con indiferencia en el movimiento de 1910, esta vez decidió pelear para defender al gobierno, organizó una brigada de soldados, se unió a Benjamín Hill y salió a luchar contra Orozco. En abril de 1912 quedó conformado el 4° Batallón de Infantería, con 60 hombres de caballería y 52 de infantería, sumando en total 112 hombres. A diferencia de la gran mayoría de cuerpos revolucionarios, Obregón pagaba personalmente a sus soldados, por lo cual se evitaba la leva, muchas veces pagando incluso de su propio dinero, pero más tarde el gobierno estatal se hizo cargo de los haberes.

Juan M. Banderas (1872-1919)

Militar nacido en Sinaloa, partidario de Madero. Siendo militar al mando de la cabecera del distrito de Mina mandó ejecutar al jefe político Ángel Araiza y al jefe de la guarnición, Teniente Heriberto López. Luchó contra Victoriano Huerta y alcanzó el grado de general. Murió en forma violenta en la ciudad de México.

CORRIDO DE LA TOMA DE MATAMOROS
Anónimo

Una morena, morena,
le dijo a una güera, güera:
"Me gustan los carrancistas
con su par de carrilleras".

Pongan atención, señores,
los que juegan al as de oros,
voy a contarles la toma
de la heroica Matamoros.

Pongan atención, señores,
los que juegan al as de oros,
voy a contarles la toma
de la heroica Matamoros.

Por la muerte de Madero
siguió la Revolución,
no aceptamos los valientes
eso de la usurpación.

En la plaza de Saltillo,
brilló el sol de la esperanza,
al levantar la bandera,
don Venustiano Carranza.

Venimos a la pelea;
de Coahuila y de Durango,
somos los fieles soldados,
del valiente Lucio Blanco.

Y el día tres de Junio
de mil novecientos trece,

a las diez de la mañana,
Lucio Blanco se aparece.

Del cielo cayó una hiedra,
se enredó entre los nopales,
aquí está ya Lucio Blanco,
padre de los federales.

Y decía el Mayor Ramos,
lo mismo que Barragán:
"lo que es Huerta no nos gana,
y si no, ya lo verán".

Se peleó con entusiasmo,
con valor y con realismo,
así fue como triunfó
el Constitucionalismo.

Se salían los federales,
se salían poco al pasito,
le decían a Lucio Blanco;
"No me tires, papacito".

Y a ese Antonio Echazarreta
le tocó muy mala suerte,
lo cogieron prisionero,
dándole luego la muerte.

Las familias de Matamoros,
en Texas aventurando,
dicen que no volverán
mientras Blanco tenga el mando.

Y a ese Victoriano Huerta
no se le vaya a olvidar
que tiene una cuentecita
y la tiene que pagar.

Ya con esto me despido,
voy camino del montón,

el que compuso estos versos
fue el que largó el carretón.

Una morena, morena,
le dijo a una güera, güera:
"Me gustan los carrancistas
con su par de carrilleras".

Lucio Blanco (1879-1922)

Nacido en Nadadores, Coahuila. Se levantó en armas en contra de la dictadura de Díaz en 1910. Combatió al huertismo. Autor del primer reparto agrario en el norte del país. Firmó el Plan de Guadalupe en 1913 y participó en la Convención de Aguascalientes al lado de los villistas. En junio de 1913, Lucio Blanco logró un gran triunfo al tomar la ciudad de Matamoros, Tamaulipas. Dos meses después, se reunió con los jefes constitucionalistas Francisco J. Múgica, Heriberto Jara, Manuel Urquidi y Juan Barragán, para iniciar el primer reparto agrario del norte del país, al fraccionar la hacienda de Las Borregas, Tamaulipas, dando títulos de propiedad a los beneficiarios, soldados constitucionalistas y desheredados de la zona. Carranza se molestó por aquel reparto, que consideraba inoportuno, porque, según él, la revolución social debía comenzar hasta terminarse la fase armada, que en ese momento tenía como única finalidad acabar con la dictadura de Huerta. A partir de ahí, Carranza hostilizó a Lucio Blanco y éste pidió su traslado al Ejército del Noroeste.

Fue secretario de Gobernación en el gobierno de Eulalio González. En 1922 inició un movimiento de oposición a Obregón desde Laredo, Texas, pero fue secuestrado y asesinado en Nuevo Laredo, Tamaulipas.

Magdaleno Cedillo (1887-1917)

Revolucionario nacido en el rancho de Palomas, San Luis Potosí. En 1911 se unió a las fuerzas maderistas, en 1912 tomó parte, junto con sus hermanos Cleofas y Saturnino, en el asalto a Ciudad del Maíz. Estuvo a favor de la Convención de Aguascalientes (1914). Combatió al lado de Francisco Villa; participó en la batalla del El Ébano. Murió en combate cerca de Ciudad del Maíz.

Saturnino Cedillo (1890-1939)

Nacido en el rancho Las Palomas, en San Luis Potosí. En 1911 se unió a las fuerzas maderistas. Estuvo en la Convención de Aguascalientes, donde se manifestó a favor del desconocimiento de la autoridad de Carranza. Participó en la rebelión del Plan de Agua Prieta (1920); fue jefe de las operaciones militares de San Luis Potosí; combatió contra los delahuertistas, en 1923 y contra los cristeros en 1926. Fue gobernador de su estado de 1927 a 1931, y secretario de Agricultura y Fomento durante la presidencia de Pascual Ortiz Rubio y también en la de Lázaro Cárdenas con quien más tarde entró en conflicto y se levantó en armas, pero fue vencido y muerto en campaña en la sierra del estado de San Luis Potosí.

Manuel Chao (1883-1924)

Revolucionario nacido en Tuxpan, Veracruz. Director de la escuela Nombre de Dios, en Durango. Vivió en Chihuahua, donde también se dedicó al magisterio. En 1910 se unió al levantamiento maderista. En 1912 combatió a Orozco y en 1913 al huertismo. Alcanzó el grado de teniente coronel. Con el carácter de jefe militar, gobernó el Estado de Chihuahua, del 8 de enero al 13 de mayo de 1914. Gobernó el Distrito Federal del 3 de diciembre de 1914 al 2 de enero de 1915. Asistió a la Convención de Aguascalientes; al ser vencido el villismo, se exilió en Costa Rica. Volvió a México en 1923, para unirse a la rebelión de Adolfo de la Huerta; pero cayó prisionero y fue fusilado en Jiménez, Chihuahua.

Rodolfo Fierro (1880-1915)

Ferrocarrilero y militar del ejército revolucionario nacido en Charay, Sinaloa. Se incorporó a la División del Norte y fue lugarteniente de Villa. Llegó a general dentro de las fuerzas villistas. Famoso por su brutalidad, murió ahogado en la laguna de Nuevo Casas Grandes, Chihuahua.

José F. Gómez

Líder popular en la región de Juchitán, en Oaxaca. Se levantó en armas en contra de Benito Juárez Maza, hijo del presidente Benito Juárez, quien fue nombrado por Madero gobernador del estado de Oaxaca, a pesar de que la gente lo identificaba con el antiguo régimen y no con el nuevo, por lo que la protesta popular llegó a la violencia en apoyo a Gómez, a quien llamaban "Chegomez". En una primera acción los "chegomistas" tomaron el cuartel Carlos Pacheco, pero fueron desalojados por las fuerzas leales a Juárez y a Madero.

La rebelión chegomista siguió en plan de lucha, hasta que, el 5 de diciembre de 1911, José F. Gómez fue aprehendido en un poblado llamado El Barrancón, en la jurisdicción de Matías Romero, Oaxaca, y fusilado por orden expresa de Benito Juárez Maza, lo mismo que sus principales seguidores. Sin embargo, la rebelión chegomista continuó en el Istmo de Tehuantepec hasta mayo de 1912.

Ambrosio Figueroa (1869-1913)

Militar nacido en Uituzco, Guerrero. Estudió en Quetzalapa, luego se dedicó a la agricultura. Se inscribió en la Segunda Reserva Militar creada por el general Bernardo Reyes (1898). Se unió a los maderistas en 1910. Fue gobernador del Estrado de Morelos y combatió a los zapatistas; finalmente se rebeló contra Madero y reconoció el gobierno de Huerta. Fue procesado y murió fusilado en Iguala.

Andrés Figueroa (1884-1936)

Militar nacido en Chucingo, Guerrero. De familia arraigada en al campo, se dedica a la agricultura un tiempo. En 1910 se une a la campaña maderista, y a la muerte de éste combate la dictadura de Huerta. Se une al Plan de Agua Prieta en 1920. Ocupó varios cargos en la Secretaría de Guerra y Marina, hasta llegar a Secretario. Murió en la ciudad de México.

Arnulfo Gómez (?-1927)

Militar nacido en Navojoa, Sonora. Tomó parte en la huelga de Cananea (1906); fue miembro del movimiento antirreleccionista (1909) y de la sublevación maderista. Luchó contra el gobierno de Victoriano Huerta (1913), estuvo bajo las órdenes del coronel Plutarco Elías Calles en la lucha contra Maytorena; participó en la Convención de Aguascalientes, secundó el Plan de Agua Prieta; participó en el movimiento delahuertista. El 23 de junio de 1927 fue designado candidato a la presidencia de la República contra Álvaro Obregón. Al rebelarse con Héctor Ignacio Almada fue aprehendido y pasado por las armas en Teocelo, Veracruz.

CORRIDO DE BENITO CANALES
Anónimo

El día catorce de octubre,
qué fecha tan desteñida;
murió Benito Canales,
la causa fue su querida.

Cuando llegó a las Maritas,
a la Hacienda de la Orilla.
"¡Ay!", les decía a sus amigos:
"¿Dónde estará mi querida?"

Otro día por la mañana,
cuando el sol quería nacer,
le llegó el aviso
que lo venían a aprehender.

Cuando el gobierno llegó
a toditos preguntando:
"¿Dónde se encuentra Canales?
que lo venimos buscando".

Todititos muy atentos,
quitándose su sombrero:
"Si buscan a don Benito
lo encuentran en los potreros".

Pasaron por Surumuato,
pasaron para corrales;
no sabiendo que en Maritas
'taba Benito Canales.

Cuando el gobierno llegó,
lo pueden asegurar:
"Si no entregan a Benito
lo vamos a fusilar".

Salió Benito Canales:

"Aquí me tienen presente,
acabálense conmigo;
no anden matando inocentes".

Salió Benito Canales
lleno de felicidades,
con sus armas en las manos
y haciendo barbaridades.

En donde fue la batalla,
de don Benito Canales,
nomás se veía el tiradero
de caballos y rurales.

Ya les estaba ganando
ya les sobraba el valor,
cuando les llegó el auxilio
desde paseo de Abasolo.

Dijo un teniente primero:
"Váyanse a traer al padre,
que si acaso no viniere,
fácil es que nos acabe".

Salió el padre capellán
como queriendo llorar:
"Ya no pelien con Benito
ya lo voy a apaciguar".

Dijo el padre capellán:
"Hijo de mi corazón,
que si te matan a ti
nos matarán a los dos".

Le contestó don Benito:
"Por usted me voy a dar;
yo voy a rendir mis armas
pero me van a matar".

Agarró su carabina

y la puso en el seguro:
"¡Quítense de aquí, pelones,
porque 'ora no sobra ni uno".

Iba Benito Canales
en medio de la avanzada,
"Soy de puro Guanajuato,
pero ahora no valgo nada".

Iba Benito Canales
con su sombrero de lado:
"Dejen peliar otro rato,
'ora que estoy descansado".

Luego que ya lo agarraron
con gusto y aquel alarme,
le trajeron de comer
desde la casa del padre.

Pa' poderlo confesar
primero lo desarmó,
le quitó las carrilleras
y luego lo confesó.

Lo llevan para Maritas,
lo llevan para Corrales,
y al llegar a Surumuato
fusilaron a Canales.

Ya con esa me despido
por las uvas y los nabos.
Estos versos los compuso
uno de los voluntarios.

Ya con esta me despido
pasiando entre los nogales.
Aquí les hago un recuerdo
de don Benito Canales.

Benito Canales (1880-1912)

Nació en la hacienda Tres Mezquites, en 1880, en Guanajuato. En la primera década del siglo XX, Benito tuvo que huir a los Estados Unidos por haber dado muerte a un acreedor, Donaciano Martínez. En los Estados Unidos Benito Canales se afilió al Partido Liberal Mexicano y fue hecho prisionero en el estado de California. Luego de escaparse de la prisión, se dirigió a México y al llegar a su estado natal se adhirió a los antireeleccionistas; pero durante el gobierno de Madero prefirió afiliarse a los zapatistas, por lo que el gobierno de Madero persiguió a Canales y, después de algunas acciones en la zona agreste entre los estados de Michoacán y Guanajuato, el 14 de octubre de 1912, en el rancho Las Maritas, cercano a Surumuato, municipio de Puruándiro, Michoacán, Benito Canales fue sorprendido junto con cinco de sus fieles por las fuerzas del Dieciocho Cuerpo Rural, que dirigía Salvador Gutiérrez. Luego de un día completo de asedio, Canales fue hecho prisionero, el 12 de octubre de 1912. No se le aplicó el procedimiento expedito de la "Ley fuga".

Pablo González (1879-1950)

Revolucionario nacido en Lampazos, Nuevo León. Era molinero en su pueblo cuando se unió al movimiento maderista, en 1910. Durante la Revolución Constitucionalista del Noreste fue jefe del ejército. Tomó la ciudad de México el 11 de julio de 1915, evacúa para establecer su cuartel general en Ometusco y volver a ocupar la ciudad en 1915. En 1916 dirigió la campaña en contra de las fuerzas de Emiliano Zapata. En 1919 fue candidato a la presidencia de la República. Se rebela contra Carranza sin reconocer el Plan de Agua Prieta y retira su candidatura. En 1920 se levantó en armas en la ciudad de Monterrey, donde fue aprehendido, juzgado y sentenciado a muerte. De la Huerta suspende la ejecución y lo destierra a los Estados Unidos. Regresa a México en 1940 y se retira a la vida privada.

José González Salas (1862-1912)

Militar nacido en Chihuahua. Durante la administración de Madero fue secretario de Guerra y Marina. Participó en la lucha contra la rebelión de Pascual Orozco y al ser derrotado se suicidó en Corralitos, Chihuahua.

Jesús M. Guajardo (1880-1920)

Militar nacido en Nuevo León. Tras la muerte de Madero se incorporó a las fuerzas del general Pablo González para combatir a Victoriano Huerta. Siguiendo indicaciones de éste y tras el triunfo de los carrancistas, combatió a Zapata, y en abril de 1919 simuló un pacto con el caudillo del sur, y siguiendo órdenes de Carranza y Pablo González lo asesinó en Chinameca, en una emboscada. Fue premiado por el gobierno por ese acto.

En 1920 se unió al Plan de Agua Prieta. Murió fusilado por haberse levantado en armas contra el gobierno de Adolfo de la Huerta.

Benjamín Hill (1874-1920)

Militar nacido en San Antonio Choix, Sinaloa, hizo sus estudios en Berlín, París y Madrid. En 1910 era agricultor en una hacienda de Navojoa. Se afilió al Partido Antirrelecionista y colaboró activamente en la campaña presidencial de Francisco I. Madero, por lo que fue encarcelado. Liberado al triunfo de la Revolución, fue nombrado prefecto del distrito de Arizpe. Luchó contra la rebelión orozquista y contra el gobierno de Victoriano Huerta.

En abril de 1913, Benjamín Hill se presentó con sus tropas en la plaza de Álamos, Sonora, para combatir a los huertistas que tenían la posesión de la misma y cuya defensa era organizada por el prefecto político del distrito Pánfilo R. Santini, enemigo personal de Hill. Las fuerzas de Santini estaban integradas por soldados regulares y por Defensas Sociales y de la clase acomodada de Álamos. El 17 de abril, Hill logró rendir la plaza, y en la cultura popular aquella acción fue conocida como *Los arenados*, porque Benjamín Hill impuso un castigo humillante a los jóvenes de clase alta de la población, que habían combatido en su contra, obligándolos a bajar personalmente desde una colina los sacos de arena con que habían levantado una trinchera en la que se parapetaron. Hill exigió a los hacendados un préstamo forzoso de treinta mil pesos, para alivio de sus tropas.

Más tarde, Benjamín Hill se unió a las fuerzas de Obregón y participó con Carranza en algunas batallas. Se adhirió al Plan de Agua Prieta y operó en Morelos, hasta la caída de Carranza. Murió en la ciudad de México.

Genovevo de la O (1876-1952)

Revolucionario nacido en Ahuacatitlán, Morelos. De escasa instrucción, fue uno de los firmantes del Plan de Ayala (1911). Luchó bajo las órdenes de Emiliano Zapata en el ejército de los libertadores del sur. El 15 de diciembre de 1914 fue electo gobernador de Morelos por los zapatistas. Más tarde ocupó su cargo Lorenzo Vázquez, pues él prefirió salir en campaña. En 1915 administró el ingenio de Temixco y desde agosto reanudó la ofensiva contra los constitucionalistas. Muerto Zapata, juró continuar la obra del caudillo. Se adhirió al Plan de Agua Prieta cuando el zapatismo había sido derrotado, en 1920. El 9 de mayo de 1920 entró a la ciudad de México custodiando a Obregón. El ejército libertador del sur fue incorporado al ejército nacional, y De la O fue ascendido a general de división y nombrado comandante militar de Morelos. En 1945 fundó la Federación de Partidos del Pueblo, que él mismo dirigió.

Pascual Orozco (1882-1915)

Revolucionario nacido en la hacienda de Santa Isabel, Chihuahua. Cursó la primaria y se dedicó primero a la agricultura en San Isidro, y luego al transporte de mercancías del mineral del Río Plata a la estación Sánchez y Chihuahua. Afiliado al movimiento antirreleccionista de Abraham González, en 1910, se levantó en armas contra el presidente Díaz. Participó en varias batallas, hasta que se unió al entonces coronel Francisco Villa en el ataque a Ciudad Juárez, el 10 de mayo de 1911, alcanzando una victoria determinante para la causa maderista. Se insubordinó temporalmente contra Madero. El 22 de junio de 1911 entró triunfalmente en la ciudad de Chihuahua, donde se le designa jefe de las fuerzas rurales del Estado. En 1912 renuncia a su cargo y se levanta en armas contra Madero, culpándolo del incumplimiento del Plan de San Luis. En Rellano derrotó a las fuerzas del gobierno, encabezadas por el general González Salas. Huerta lo venció en las batallas de Conejos, la Cruz y Bachimba. En 1913 reconoció el gobierno de Huerta, pues ya había muerto Madero.

Al caer la dictadura huertista, en 1914, Orozco huyó a los Estados Unidos y cuando, en 1915, Huerta trató de regresar a México para intentar la recuperación del poder, Orozco se le volvió a unir, pero fueron aprehendidos por tropas estadounidenses con el cargo de violar las leyes de neutralidad.

El 31 de agosto de 1915, Orozco y algunos de sus seguidores fueron asesinados en La Sierra Blanca, Texas, por unos vaqueros texanos, quienes los acusaron de abigeato; ellos colocaron sobre el cadáver de Pascual Orozco un letrero que decía *Mexican bandit*.

Antonio Rojas (?-1914)

Militar nacido en Sahuaripa, Sonora. Se levantó en armas contra Porfirio Díaz. Operó en Chihuahua como jefe maderista. El gobierno lo aprehendió en 1912 y fue liberado por un grupo de rurales. Se unió a la rebelión orozquista paro fue derrotado por los federales. Reconoció el régimen de Victoriano Huerta. Murió en Huixquilucan, Estado de México.

Emilio Salinas (?-1927)

Militar nacido en Villa Cuatro Ciénegas, Coahuila. Ingresó en el Partido Antireeleccionista en 1910. Se lanzó a la lucha armada defendiendo al gobierno de Madero contra las fuerzas de Pascual Orozco. Se unió a Carranza para combatir a Victoriano Huerta. Fue derrotado por Villa en Ramos Arizpe. Fue gobernador y comandante militar de Querétaro y gobernador provisional de Chihuahua en 1920. Fue depuesto al triunfo del Plan de Agua Prieta. Murió en Laredo, Texas.

Gertrudis Sánchez (1882-1915)

Revolucionario nacido en Saltillo, Coahuila. Se lanzó a la Revolución cuando Francisco I. Madero proclamó el Plan de San Luis. Estuvo al frente de un cuerpo rural en Coyuca de Catalán. Combatió contra las fuerzas huertistas, en 1914 entró con su ejército en Morelia y asumió el gobierno provisional y la comandancia militar. Decretó la condonación de las deudas a los peones de campo y dictó varias medidas favorables a los campesinos. Al llegar los villistas a Morelia, huyó e instaló su gobierno en Tacámbaro. En la persecución fue derrotado y herido, se trasladó a Huetamo, donde fue fusilado por Alejo Mostache.

Francisco R. Serrano (?-1927)

Militar nacido en Quilá, Sinaloa. Luchó con las fuerzas constitucionalistas de Álvaro Obregón, contra Huerta y contra la Convención Revolucionaria. Firmó el Plan de Agua Prieta en 1920. Fue subsecretario de Guerra en 1920, secretario de la misma en 1924 y gobernador del Distrito Federal en 1926. Fue candidato antirreleccionista a la presidencia en 1927. Fue aprehendido con varios de sus partidarios y fusilados en Huitzilac, Morelos, en circunstancias nunca debidamente aclaradas.

Fausto Topete (1890-1954)

Revolucionario nacido en Álamos, Sonora. En 1913 se adhiere a la Revolución bajo las órdenes de Benjamín Hill. Participó en el Plan de Agua Prieta como general de Brigada y combatió a la rebelión delahuertista. Estuvo a cargo del gobierno de Sonora (1927-1931). Firmó el Plan de Hermosillo y más tarde se sumó a la causa Escobarista, que fracasó en Naco; finalmente fue derrotado completamente en Masaica, por lo que decide exiliarse en los Estados Unidos. Muere en Mexicali, Baja California.

Lauro Villar (1849-1923)

Militar nacido en Matamoros, Tamaulipas. Combatió en Matamoros y en el sitio de Querétaro en defensa de la República. Sirvió con lealtad a Juárez, Lerdo, Díaz y Madero. Participó en la Decena Trágica a favor de Madero. Condecorado con el mérito militar de primera clase, murió en la ciudad de México.

Daniel Cerecedo Estrada

El 20 de abril de 1913 fue nombrado jefe del movimiento revolucionario de las Huastecas contra la usurpación huertista en Huejutla, Hidalgo y continuó operando hasta la caída de Huerta en la región de las Huastecas y alcanzó el grado de general brigadier.

En octubre de 1914, Cerecedo fue designado para asistir a la convención de Aguascalientes, después de la cual se mantuvo fiel al gobierno constitucionalista. A partir de 1915 se incorporó al Ejército de Oriente, bajo el mando del general Pablo González. En 1916, Cerecedo se licenció y se retiró a la vida privada. Murió por mano propia en enero de 1925.

Rafael Castro

Primero fue constitucionalista y después general de las fuerzas de Francisco Villa. El general Rafael Castro en enero de 1916 decidió atacar uno de los trenes en el que se encontraban 18 americanos y participó en la Batalla de Columbus generando una línea de ataque contra las fuerzas americanas junto a los generales Francisco Beltrán, Pablo López y el mismo Castro. En 1916, Venustiano Carranza declara fuera de la ley a Francisco Villa, Pablo López y a Rafael Castro.

Francisco Villa (1876[78]-1923)

José Doroteo Arango Arámbula, conocido mundialmente como Francisco, o Pancho, Villa nació en Río Grande (o San Juan del

Río); al parecer sus padres fueron Agustín Arango y Micaela Arámbula.

En 1910 se unió al movimiento Maderista, primero a través de su compadre Eleuterio Soto, y después por influencia de Abraham González, con quien tenía ligas comerciales. En esos tiempos, Villa era todavía un guerrillero, o tal vez un bandido; pero, al conocer a Abraham González, quien era representante político de Francisco I. Madero en Chihuahua, recibió de éste una base ideológica que le cambió la perspectiva de vida y el entendimiento de la sociedad. Desde que experimentó este cambio se dedicó a reclutar hombres de lucha, y con sus primeros seguidores, el 17 de noviembre de 1910 atacó la Hacienda de Cavaría, la que fue su primera acción de combate. De ahí comenzó a desarrollar un gran ímpetu guerrero y dio muestras de su capacidad de convocatoria y su talento como estratega, participando en las batallas de San Andrés, Santa Isabel, Ciudad Camargo, Las Escobas y Estación Bauche. Participó también en el gran triunfo de Pascual Orozco, que fue la batalla de Ciudad Juárez, en contra del general Juan N. Navarro. También participó en la toma de Torreón, donde su mayor acierto fue el haber entendido la importancia de hacerse dueño de los ferrocarriles, como medios de transporte de tropas y abastecimientos, lo que sin duda fue uno de los pilares de sus grandes triunfos.

En 1912 dio muestras de su lealtad a Madero al rechazar la invitación de Pascual Orozco para rebelarse; en vez de ello retomó con más ahínco las armas para defender al gobierno, combatió en Chihuahua, en Durango y en Torreón, incorporado a las fuerzas de la División del Norte federal que comandaba Victoriano Huerta, a cuyo lado participó en las batallas de Tlahualilo, Conejos y Rellano. Por su actuación militar fue ascendido a general brigadier honorario, después de que se adhirió al Plan de Guadalupe, formando parte de la elite militar del régimen, al lado de Tomás Urbina, Rosalío Hernández, Toribio Ortega y Manuel Chao. Victoriano Huerta, tal vez celoso de su brillantez como estratega a pesar de no ser militar de carrera, y molesto por su independencia, lo procesó por insubordinación y ordenó su fusilamiento, pero Madero le salvó la vida mediante la intervención de su hermano Raúl y de Guillermo Rubio Navarrete. De cualquier manera, fue enviado a la ciudad de México en calidad de prisionero y encarcelado en Santiago Tlatelolco.

En su estancia en la prisión conoció a Gilbardo Magaña Cerda, quien lo ayudó a mejorar su educación y lo puso al tanto de los propósitos e ideales del agrarismo. A finales de 1912, Villa logró fugarse de la prisión con ayuda de Carlos Jáuregui, escribiente del juzgado, huyó hacia El Paso, Texas, siendo auxiliado por el gobernador José María Maytorena, quien le facilitó dinero para su escape.

Entre febrero y marzo de 1913, ante la caída del gobierno y los asesinatos de Francisco I. Madero y de su maestro Abraham González, decidió tomar las armas en contra de Victoriano Huerta, uniéndose a los líderes militares del norte, encabezados por el gobernador de Coahuila, Venustiano Carranza, quien llamaba a levantarse contra del usurpador. Ayudado una vez más por Maytorena, cruzó la frontera y se internó en Chihuahua con una fuerza mínima, compuesta por nueve hombres, con los que formó un grupo participante en el movimiento constitucionalista.

En septiembre de ese año se constituyó la División del Norte del Ejército Constitucionalista, en la que figuraron Toribio Ortega Ramírez, Rodolfo Fierro, Juan Medina, Maclovio Herrera, Tomás Urbina y Manuel Chao, entre otros, y de la que Francisco Villa fue nombrado General en Jefe. Con esas fuerzas, el 10 de enero de 1914 tomó la ciudad de Ojinaga, con lo que pudo controlar toda la zona noroeste del estado. Un poco después fue nombrado gobernador provisional de Chihuahua, donde promovió el comercio, emitió papel moneda, embargó tiendas y sustituyó a los comerciantes deshonestos por funcionarios honorables; expulsó del estado a muchos comerciantes españoles, acusándolos de haber colaborado con Victoriano Huerta; asumió funciones federales en materia de telégrafos y ferrocarriles, decretó el establecimiento de la banca estatal y reabrió el Instituto Científico y Literario.

CORRIDO DE LA TOMA DE ZACATECAS
Arturo Almanza

Son bonitos estos versos,
de tinta tienen sus letras,
voy a contarles a ustedes
la toma de Zacatecas.

Mil novecientos catorce,
las vísperas de San Juan,
fue tomada Zacatecas,
como todos lo sabrán.

Era veintitrés de junio
del catorce por más seña,
fue tomada Zacatecas
por la División Norteña.

La toma de Zacatecas,
por Villa, Urbina y Madero,
el sordo Maclovio Herrera,
Juan Medina y Ceniceros.

Salió don Francisco Villa
de la ciudad de Torreón,
con toda su artillería,
hasta el último escuadrón.

Se vino la división
por el filo de la sierra,
porque se tenía que ver
lo bueno por su bandera.

Llegó don Francisco Villa
a la estación de Calera,
porque iba a tomar la plaza
para que entrara Natera.

Ya tenían algunos días
que estaban agarrando,

cuando llegó el general,
a ver qué estaba pasando.

Al llegar Francisco Villa
con todos sus escuadrones,
se marchó en su automóvil
al campo de operaciones.

Les dijo el general Villa:
"¿Con que está dura la plaza?
Ya les traigo aquí unos gallos,
creo que son de buena raza".

Villa recorrió los puestos
pa' colocar a su gente,
por el sur, por el oriente,
por el norte y el poniente.

Por Morelos y Las Pilas
iban las caballerías,
por el centro de las tropas
iban las infanterías.

Calculando su estrategia
con la visión que él tenía,
en las lomas de La Plata
colocó su artillería.

Ese mismo día, en la tarde,
emplazaron los cañones
cerca del cerro de El Padre,
apuntando los crestones.

Pusieron un reflector,
para encandilar a Villa,
y Ángeles lo derribó
como rosa de Castilla.

Villa trazó bien sus planes
y dijo a sus generales

que al día siguiente estuvieran
en sus puestos muy formales.

En la hacienda de Las Pilas
pasó a sus tropas revista,
comenzando desde allí,
el ataque a los huertistas.

Manuel Chao y Servín
pasaron por la Bonanza
y entraron a los lugares
que les fijó la ordenanza.

Emplazadas ya las piezas
en punto a las diez del día,
fue bombardeada la plaza
con muy buena puntería.

A las diez de la mañana
comenzó aquella jornada,
y se oía la balacera
que parecía granizada.

Empezaron los balazos
por el cerro San Martín,
por La Araña, por El Padre,
también por El Chapulín.

Ese día por la mañana
comenzaron a bajar,
heridos por todas partes
y el cañón a disparar.

Andaban las pobres juanas
empinadas de los cuerpos,
recogiendo a los heridos
y rezándole a los muertos.

Unas eran de la sierra,
las más de las poblaciones,

eran todas muy bonitas
y de muchos pantalones.

Avanzan los batallones
de los valientes villistas,
y los federales caen,
sin tener quién los asista.

Avanzaron los Dorados,
pasaron por San Martín,
para atacar a La Bufa:
el formidable fortín.

Para tomar a La Bufa
subieron por La Cebada
y por la Loma del Muerto
encontraron gente armada.

Y los villistas con brío
trepaban por las laderas,
pero al fortín no llegaban
porque morían en las eras.

Ataque tras otro ataque,
los pelones rechazaban,
pero Madero y Urbina
más batallones mandaban.

Cuatro horas duró el ataque
para tomar posesión
de ese cerro de La Bufa
que ha llamado la atención.

El cerrito de La Bufa,
de memoria tan famosa,
fue por la tarde tomada,
tras una lucha espantosa.

Robles y Toribio Ortega
desafiaron a la muerte,

y empezaron a atacar
la defensa del oriente.

La Bufa la defendían
mucho más de tres mil juanes,
pero en tan terrible ataque,
allí murió Soberanes.

Esos huertistas había
en las cumbres de aquel cerro,
pero fueron hechos polvo
con un empuje certero.

Adiós cerro de La Bufa,
con tus lucidos crestones.
¡Cómo te fueron tomando
teniendo tantos pelones!

Vadeando el cerro de El Padre
abrieron las trincheras
guerrilleros de Parral
y don Calixto Contreras.

El señor Rosalío Hernández,
valiente como formal,
le tocó atacar los mochos
del cerro de San Rafail.

Tierra Negra la tomó
Gonzalitos por sorpresa,
porque estaba muy confiado
ese mayor Oropeza.

En la Cuesta del Calvario,
atacando con su gente,
murió Trinidad Rodríguez
peleando como valiente.

Se metió por Las Mercedes
el general Ceniceros

y el jefe José Rodríguez
como buenos compañeros.

En la plazuela García
tuvieron un encontrón,
pero las fuerzas villistas
honraron su pabellón.

En la calle de Tres Cruces
se atrincheran federales
y matan con sus disparos
a muchos soldados leales.

En dos horas de combate
los federales corrieron;
las calles de San Francisco
llenas de muertos se vieron.

Horrible carnicería
hicieron nuestros villistas,
y de seiscientos cincuenta
quedaron sólo las listas.

Las baterías de Chihuahua,
tan certeras como siempre,
disparan con precisión
sobre el cuerpo de La Sierpe.

Por el Sur sobre la vía,
Guadalupe y La Encantada,
por La Bufa y por Loreto
la División los cercaba.

Valiente Medinaveitia
con otros de gran templanza,
como don Rodolfo Fierro
y ese general Almanza.

De los cañones salía
una pura llamarada,

pero ya se definía
la terrible desbandada.

Benavides y Herrera,
los dos con sus batallones,
entraron a la estación
persiguiendo a los pelones.

En el fortín de San Juan
de Dios creían detener
el empuje de las tropas,
mas tuvieron que ceder.

Ese coronel Ramírez,
artillero federal,
cayó como caen los hombres
en esa lucha infernal.

Los sitiados, ya perdidos,
dieron una orden brutal:
de volar con dinamita
el palacio federal.

Palacio que fue una joya
por su estilo colonial,
quedó nomás en montones
de tierra, madera y cal.

Esa finca de La Aduana
era una finca bonita,
la volaron los huertistas
con pólvora y dinamita.

Quemaron los federales
varias cuadras de la plaza,
antes de ser derrotados,
perdiéndose muchas casas.

El Palacio, los Archivos,
el Obispado y la Catedral,

sufrieron daños muy graves
por ese crimen bestial.

Pasaron por Guadalupe,
iban muchos de salida,
y allí de los altos militares
muchos perdieron la vida.

Por la calle Juan Alonso
salieron los federales,
pues perdieron la esperanza
de resistir en sus reales.

"Medina Barrón, no creas
que andamos porque sobramos,
pues con la ayuda de Dios
a Zacatecas tomamos".

Gritaba Francisco Villa:
"Ora sí, viejo barbón,
ya le puse aquí la muestra
a don Álvaro Obregón".

Ángeles, el general,
jefe de la artillería,
le pidió permiso a Villa
cañonearlos todavía.

A Villa le contestó:
"¡Hombre, no seas imprudente,
cómo quieres rematarlos
si perece mucha gente".

Como a las seis de la tarde
la plaza estaba tomada,
las campanas anunciaban
el triunfo de la jornada.

La sangre corrió a torrentes
y las gentes resbalaban

en los charcos que en las calles
por donde quiera quedaban.

Por el lado de La Veta
cantaban Los Horizontes:
"Fue tomada Zacatecas
por la División del Norte".

Medina Barrón fue el jefe,
de las fuerzas federales
y retuvo por dos meses
el empuje de los leales.

Fíjense lo que hacía Villa
con el que hacía prisionero:
le perdonaba la vida,
le daba ropa y dinero.

Gritaba Francisco Villa:
"¡Dónde te hallas Argumedo?
¡ven y párate aquí enfrente,
tú que nunca tienes miedo!"

No te vayas, orejón,
quédate a los chicharrones,
dile a Medina Barrón
que murieron sus pelones.

Gritaba Francisco Villa:
"¿Dónde estás, viejo Barbón?
¡yo creo que todos me quedan
guangos como el pantalón!"

¡'Ora sí, borracho Huerta!,
harás las patas más chuecas,
al saber que Pancho Villa
ha tomado Zacatecas.

Felicitó Pancho Villa
a todos sus batallones,

por el éxito alcanzado
de acabar con los pelones.

¡Que viva Francisco Villa
que defiende al pueblo entero!
¡Que vivan sus generales
Urbina y Raúl Madero!

Los muertos van al panteón
cayendo como goteras,
por la mortandad que hicieron
Francisco Villa y Natera.

Cuatro ramitos de azares,
puestos en cuatro macetas,
a los valientes villistas
que tomaron Zacatecas.

Vuela, vuela, palomita,
párate en esas violetas;
señores, es el corrido:
la Toma de Zacatecas.

"Mi nombre es Arturo Almanza,
soy dorado y no pelón.
¡Que viva Francisco Villa!
¡Viva la Revolución!"

El 24 de junio de 1914, desobedeciendo las órdenes del Primer Jefe, marchó hacia Zacatecas y la tomó, con lo que logró un triunfo muy significativo para la correlación de fuerzas en esos momentos; sin embargo, aquella insubordinación minó en forma sustancial su relación con Carranza, lo que trató de solucionarse, o por lo menos encontrar fórmulas de no agresión entre las dos grandes fuerzas del ejército constitucionalista, que eran la División del Norte y el Ejército de Noreste. En el llamado Pacto de Torreón, celebrado el 8 de julio de 1914, Villa aceptó seguir reconociendo como Jefe a Carranza, y éste le otorgó el cargo de General de División, aunque subordinado a Álvaro Obregón y a Pablo González Garza.

Finalmente, los ejércitos revolucionarios del norte y del sur lograron derrotar el fuerte ejército de Huerta, quien tuvo que dejar el poder el 15 de julio de 1914. A pesar de ello, la armonía entre los jefes revolucionarios era cada vez más precaria y se veía venir una guerra entre facciones, por lo que Venustiano Carranza citó a una Convención en Aguascalientes, con el ánimo de lograr la unificación de criterio y, de paso, encumbrarse en el poder, ocupando la presidencia que Huerta había dejado vacante. Pero el objetivo no sólo no se cumplió, sino que la Convención, principalmente por influencia de Villa, se inclinó en contra de Carranza y Obregón, quienes tuvieron que retirarse de la contienda política nacional y establecer la sede de su gobierno, en Veracruz, mientras Villa lograba un acuerdo con Zapata, reconociendo el Plan de Ayala en lo que para los zapatistas era lo esencial: el problema de la tenencia de la tierra. De esa manera, Zapata y Villa hicieron su entrada conjunta en la ciudad de México.

Pero el ejército constitucionalista al mando de Obregón fue ganando terreno, y logró derrotar a Villa en la importante batalla de Celaya, donde comenzó la debacle de la División del Norte, que fue perdiendo sucesivamente sus plazas fuertes en Trinidad, León y Aguascalientes, lo que obligó a Villa a replegarse hacia el norte. Para fines de ese año decidió invadir Sonora; pero los constitucionalistas tenían una ventaja incuestionable, pues los Estados Unidos los habían favorecido con la venta de armas, lo que le negaban a Villa. En esas circunstancias, Villa fue derrotado por Plutarco Elías Calles en la batalla de Agua Prieta y en El Alamito por el general Manuel M. Diéguez. Villa parecía acabado cuando, en 1915, el gobierno norteamericano reconoció oficialmente al gobierno de Venustiano Carranza.

Después de esas derrotas, Villa se replegó a Chihuahua, sin posibilidades ya de enfrentarse con Carranza. Tal vez en este estado de ánimo decidió vengarse de los americanos, que le habían vuelto la espalda para favorecer abiertamente a sus enemigos. En enero de 1916, un grupo de villistas, al mando del general Ramón Banda, emboscaron un tren de la línea *Mexico North Western Railway* cerca de Santa Isabel, y masacraron a 18 empleados estadounidenses de la compañía minera ASARCO.

En otra operación, antes del amanecer del 9 de marzo de 1916, un grupo de aproximadamente 1,500 hombres del ejército de Villa, al mando del general Ramón Banda Quesada, atacó el pueblo de Columbus, Nuevo México, en represalia por el reconocimiento de Carranza y en busca del comerciante Sam Ravel, quien traficaba con armas y, según Villa, lo había robado.

Sin embargo, el propio Villa no participó en esa operación, él permaneció con un pequeño grupo del lado mexicano de la frontera mientras sus hombres atacaban un destacamento de caballería del ejército estadounidense, confiscando cien caballos y mulas. En el ataque a la población mataron a 17 americanos y 67 mexicanos, aunque también murieron cien de los atacantes.

La respuesta del presidente Woodrow Wilson fue inmediata, organizando una "Expedición punitiva" con diez mil solados, al mando del general Pershing, cuya columna se internó más de seiscientos kilómetros en territorio mexicano y permaneció en campaña durante once meses, pero Villa conocía bien los extensos territorios del norte, y era extremadamente difícil encontrarlo, por lo que, en febrero de 1917, las agotadas fuerzas de Pershing regresaron a su base en Columbus.

Obligado por las circunstancias, Francisco Villa se convirtió de nuevo en un guerrillero y su actividad se limitó cada vez más por la escasez de armas. Así se mantuvo de 1917 a 1920, salvo un periodo de resurgimiento, cuando el general Felipe Ángeles volvió al país para luchar a su lado.

Finalmente, cuando Adolfo de la Huerta asumió la presidencia interina del país, como resultado del movimiento de Agua Prieta, gestionó la rendición de Pancho Villa, quien, el 26 de junio de 1920 firmó los convenios de Sabinas, obligándose a deponer las armas y a retirarse a la hacienda de Canutillo, en Durango, que el gobierno le concedió en propiedad por los servicios prestados a la Revolución.

Cuando Álvaro Obregón fue elegido presidente de México, dio carta abierta a los que consideraban prudente liberarse de la preocupación de que Villa pudiera volverse a levantar en armas durante la rebelión delahuertista, por lo que se organiza un atentado para matarlo.

El sueño de Pancho Villa

No deja de ser interesante conocer el apasionado ensueño, la quimera que anima a este luchador ignorante que "no tiene bastante educación para ser presidente de México". Me lo dijo una vez con estas palabras: *Cuando se establezca una nueva República, no habrá más ejército en México. Los ejércitos son los más grandes apoyos de la tiranía. No puede haber dictador sin su ejército. Pondremos a trabajar al ejército. Serán establecidas en toda la República colonias militares formadas por veteranos de la revolución. El Estado les dará posesión de tierras agrícolas y creará grandes empresas industriales para darles trabajo. Laborarán tres días a la semana y lo harán duro, porque el trabajo honrado es más importante que pelear, y sólo el trabajo así produce buenos ciudadanos. En los otros días recibirán instrucción militar, la que, a su vez, impartirán a todo el pueblo para enseñarlo a pelear. Entonces, cuando la Patria sea invadida, únicamente con tomar el teléfono desde el Palacio Nacional en la ciudad de México, en medio día se levantará todo el pueblo mexicano de sus campos y fábricas, bien armado, equipado y organizado para defender a sus hijos y a sus hogares. Mi ambición es vivir mi vida en una de esas colonias militares, entre mis compañeros a quienes quiero, que han sufrido tanto y tan hondo conmigo. Creo que desearía que el gobierno estableciera una fábrica para curtir cueros, donde pudiéramos hacer buenas sillas y frenos, porque yo sé cómo hacerlos; el resto del tiempo desearía trabajar en mi pequeña granja, criando ganado y sembrando maíz. Sería magnífico, yo creo, ayudar a hacer de México un lugar feliz.*

Narrado por John Reed en *México insurgente.*

Francisco Villa fue emboscado y asesinado la tarde del 20 de julio de 1923, cuando se dirigía a una fiesta familiar en Parral.

Francisco Murguía (1873-1922)

Nació en Zacatecas. De origen humilde se dedicó a la fotografía, estableciéndose en Monclova, Coahuila. Se adhirió al maderismo y tomó las armas de acuerdo con el Plan de San Luis, en 1910. Cuando Madero asumió la presidencia formó parte de uno de los cuerpos de "Carabineros de Coahuila" que comandaba Gregorio Osuna; fue así como apoyó al Gobernador Venustiano Carranza en contra de los rebeldes orozquistas. Ante la usurpación de Victoriano Huerta fue de los primeros que se solidarizó con el Plan de Guadalupe, incorporándose a las fuerzas de Pablo González, con quién participó en las campañas de ese año en el noroeste del país. A mediados de 1914, al derrumbarse el huertismo, Venustiano Carranza lo nombró Gobernador y Comandante Militar del Estado de México

Como General constitucionalista asistió a la Convención de Aguascalientes, donde se opuso a la renuncia del primer Jefe. Cuando éste salió para Veracruz, Murguía organizó una columna de diez mil hombres y marchó a Michoacán a reunirse con Manuel M. Diéguez, para juntos combatir el villismo en el occidente del país: recuperaron Guadalajara el 18 de Enero de 1915, que se encontraba defendida por Calixto Contreras y Julián Medina. Durante el resto de ese año realizó una intensa campaña contra Francisco Villa en la zona del Bajío. Participó en los dos combates de Celaya, Trinidad y León, en este último se ganó el apodo de "Héroe de León"; en la batalla de Santa Ana del Conde, donde Obregón perdió un brazo, también tuvo una actuación relevante. Al mando de la Segunda División del Noroeste persiguió y combatió duramente a Villa. En 1916, fue designado Jefe de Operaciones en Durango, y en 1917 en Chihuahua, ya con el Grado de General de División. En este último cargo entró en violento conflicto con su antecesor, Jacinto B. Treviño. En 1920 permaneció leal a Carranza, quién lo nombró Jefe de las Fuerzas que salieron con él de la ciudad de México hacia Veracruz; así fue como dirigió la defensa de los convoyes hasta Aljibes, Puebla. A raíz de la debacle de Tlaxcalantongo fue aprehendido, enviado a prisión y sometido a proceso, acusado de falta de espíritu militar. Logró escapar de la cárcel y se refugió en Estados Unidos.

Se internó al país en 1922, con el intento de derrocar a Álvaro Obregón, pero el grupo de constitucionalistas a quién había llamado para levantarse en armas no le respondió y su intento fracasó. Cayó prisionero en Tepehuanes, Durango, y un Consejo de Guerra lo condenó a muerte. Fue fusilado el mismo año de 1922.

Severino Ceniceros (1880-1937)

Nació en Cuencamé, en el estado de Durango. Recibió la educación primaria en su estado natal llegando a trabajar como juez local. Se inició en el movimiento Revolucionario desde 1910 con la Revolución Maderista, en Cuencamé, al levantarse en armas junto a Calixto Contreras; después combatió a Victoriano Huerta dentro del Ejército Constitucionalista, pero luego decidió pasarse al Villismo. Participó en la Convención de Aguascalientes. Fue senador a la XXXVII Legislatura y después gobernador interino del estado de Durango, en 1935. Promovió la separación de Tláhuac del municipio de Xochimilco, con el propósito de formar una nueva municipalidad en el Distrito Federal. Murió en la ciudad de México el 15 de junio de 1937.

Manuel M. Diéguez (1874-1924)

Manuel Macario Diéguez nació en Jalisco, pero vivió y participó en la Revolución en el estado de Sonora, formando parte del llamada "Grupo Sonora", aunque más tarde se alió a Venustiano Carranza y al constitucionalismo.

Su padre fue un obrero de nombre Crisanto Diéguez. Realizó sus estudios primarios en Guadalajara, pero debido a la precaria situación económica de su familia abandonó la escuela y marchó a Sinaloa donde comenzó a trabajar como jornalero de una de las muchas haciendas que existían en aquel entonces, sin embargo este trabajo no le era tan remunerado como él quisiese por lo que marchó a Mazatlán. En Guaymas obtuvo un trabajo muy humilde en el barco *Oaxaca* de la Armada de México; cinco años más tarde decidió migrar a Cananea, para trabajar como minero al servicio de la *Green Consolidated Mining Company*, después conocida como *The Cananea Consolidated Copper Company* (CCCC), con un sueldo de siete pesos diarios; ahí entró en contacto con el Partido Liberal Mexicano e intimó con

Esteban Vaca Calderón, Juan José Ríos, Pablo Quiroga y José María Ibarra, con quienes fundó la *Unión Liberal Humanidad* en 1906. Entre los mineros de Cananea y bajo la influencia del magonismo, se perfiló como líder obrero, como lo demostró en la Huelga de Cananea, de 1906, que fue violentamente disuelta. Diéguez fue aprehendido y consignado al juzgado de Nogales; se le condenó a quince años de prisión en San Juan de Ulúa imputándole los delitos de asesinato, lesiones, sedición, destrucción y resistencia a mano armada.

Al triunfo del maderismo, en 1911, fue liberado junto con todos los reos políticos detenidos en las cárceles porfiristas. Regresó a Cananea, restableció el *Club Unión Liberal Humanidad* y, aliado del maderismo que lo puso en libertad, ocupó la presidencia municipal del pueblo de 1912 a 1913. Defendió al gobierno, combatiendo con pequeños grupos de soldados a los rebeldes de Pascual Orozco que invadieron el estado de Sonora.

En 1913, a raíz de la Decena Trágica, fue uno de los primeros organizadores de grupos armados constitucionalistas. Renunció a la presidencia municipal y al mando de dos cuerpos de voluntarios formados por mineros se lanzó a la lucha armada contra las tropas federales. Integrado al Cuerpo de Ejército del Noroeste, al mando de Álvaro Obregón, participó como Coronel en los ataques y tomas de Nogales, Cananea y Naco, y en las batallas de Santa Rosa y Santa María; esto es que para mayo de 1913 Diéguez ya había participado en varias batallas importantes para la Revolución, pues con ellas se logró el dominio del estado de Sonora, a excepción de Guaymas. Ya con el grado de general y al mando de una brigada, participó en la campaña que el Ejército del Noroeste emprendiera sobre la costa occidental del país desde finales de 1913; entonces operó en Sonora, Nayarit y Jalisco del 12 de junio de 1914 hasta abril de 1915.

Como comandante militar de su estado natal y gobernador inició una obra legislativa y administrativa que buscaba su transformación social-política y económica: Promulgó un decreto a favor de los trabajadores manuales, restituyó la autoridad de los ayuntamientos, declaró la fórmula del estado de interés público, concedió el descanso dominical obligatorio, fijó el salario mínimo y la jornada de nueve horas de trabajo; por último, prohibió las tiendas de raya y el embargo de salarios.

También se destacó en la guerra contra el villismo; combatió en Beltrán y Atenquique. Ante el ataque villista en Guadalajara en diciembre de 1914 evacuó la plaza y se trasladó con todos sus elementos a Ciudad Guzmán, donde estableció la sede de su gobierno. Incorporado a las fuerzas del general Francisco Murguía atacó Guadalajara en enero de 1915, pero fueron derrotados por Francisco Villa, por lo que Diéguez se retiró a Colima, recuperando dicha plaza para el constitucionalismo en el mes de abril. De ahí se incorporó al general Álvaro Obregón para participar en la campaña del Bajío, resultando herido en la Batalla de Lagos por las fuerzas de Canuto Reyes; por sus méritos en campaña fue ascendido a general de División. Después participó en la campaña contra el villismo-maytorenismo en Sonora; al mando de la 2ª. División del Noroeste tomó Guaymas y Nogales, con lo que concluyó la lucha maytorenista en Sonora y con lo que logró reducir la misma para 1916, pues las acciones de Villa tan sólo continuaban en Chihuahua. Ocupó por segunda vez la gubernatura de Jalisco al ser electo en 1917, aunque sólo estuvo unos meses al frente del puesto pues fue designado jefe de operaciones militares en Querétaro, Guanajuato y San Luis Potosí. Tiempo después regresó como gobernador a Jalisco, sufriendo graves conflictos con la población de Guadalajara por asuntos religiosos.

Acaso el afán conciliador de Venustiano Carranza hizo que se le nombrara jefe de operaciones militares en el norte, con cuartel en Chihuahua; durante se gestión fue aprehendido y fusilado el general Felipe Ángeles. Fue pieza clave en el conflicto entre Venustiano Carranza y los sonorenses pues fue el militar elegido por Carranza para controlar por la fuerza a Sonora. En este estado se dijo que buscaba deponer al gobernador Adolfo de la Huerta, aunque según fuentes históricas sólo bus-

caba limitar geográficamente la rebelión. Los hombres de Diéguez se sublevaron, pero él siguió leal al Primer Jefe, esta
actitud estuvo a punto de costarle la vida. Al iniciar la lucha
contra los sublevados del Plan de Agua Prieta fue aprehendido
en Guadalajara por Isaías Castro. Al triunfo del nuevo gobierno quedó fuera del ejército y prefirió exiliarse en los Estados
Unidos.

Regresó del destierro en 1923, y aliado con Rafael Buelna y
Enrique Estrada se levantó en armas contra el gobierno de Álvaro Obregón. Operó en Jalisco y Michoacán; al ser derrotado
pasó a Guerrero, Oaxaca y Chiapas. Fue aprehendido por las
tropas del general Donato Bravo Izquierdo en Las Flores; después de un breve consejo de guerra fue fusilado en Tuxtla Gutiérrez, Chiapas, el 21 de abril de 1924.

Rafael Buelna (1891-1924)

Rafael Buelna Tenorio nació en Mocorito, Sinaloa. Hijo de Pedro Buelna y Marcelina Tenorio; tuvo una buena posición económica. Realizó sus estudios en el Colegio Civil de Rosales,
dedicándose a la literatura. Destacó como colaborador de *El
Correo de la Tarde*, de Mazatlán. En 1909 se afilió a la candidatura anticientífica de José Ferrel, y en su campaña pronunció
varios discursos. Aunque su actitud le valió la expulsión definitiva del colegio, Buelna se convirtió en el líder del Club Democrático de Mazatlán. En las elecciones estatales triunfó el
porfirista Diego Redo, y la persecución a los ferrelistas no se
hizo esperar, por lo que Buelna tuvo que refugiarse en Guada-

lajara. Allí continuó sus estudios y siguió dedicándose al periodismo en *La Gaceta*.

Buelna tuvo una corta vida revolucionaria: a los 19 años se afilió a la oposición en Culiacán, y murió antes de los 33, habiendo alcanzado el grado de General de Brigada. En 1910 se levantó en armas en las filas del General Martín Espinosa, en el noroeste de Jalisco. Fue designado Coronel y al ocupar Espinosa la jefatura política de Tepic, Buelna fue nombrado Secretario de Gobierno. Durante la presidencia de Francisco I. Madero reingresó al Colegio Rosales, pero en 1913 con la Decena Trágica volvió a dejar los libros por las armas y luchó contra Victoriano Huerta de nueva cuanta al lado del general Martín Espinosa. Pronto logró sobresalir por su juventud y valentía. Capturó Tepic con sus lugartenientes Rafael Garay y Vidal Soto, pero tuvo un enfrentamiento con Álvaro Obregón por razones de mando y éste, a pesar de haberlo nombrado Jefe político y comandante militar de Tepic, repartió a su gente entre los elementos de Lucio Blanco y Manuel M. Diéguez. Ante esta situación Rafael Buelna buscó la protección de Francisco Villa, de quién se convirtió en uno de sus más leales jefes. Participó en la Convención de Aguascalientes, donde se declaró abiertamente anticarrancista y antiobregonista. Formó parte de la comitiva de invitación a Emiliano Zapata. En diciembre de 1914 tomó Guadalajara y Tepic al lado de Julián Medina. Combatió luego en Sinaloa, pero por falta de recursos fue a Durango y Sinaloa. Se caracterizó por su lealtad y su nobleza: Francisco Villa lo llamaba *"mi muchachito"*, y sus amigos le decían *"grano de oro"*, pues tenía el cabello claro y brillante. Siguió a Francisco Villa hasta la derrota en Sonora, cuando tuvo que emigrar al exilio en los Estados Unidos.

Regresó al país en 1919 para trabajar como administrador de rastros y mercados; un año después regresó con Villa y se unió al movimiento contra Venustiano Carranza, y meses más tarde combatió la candidatura de Álvaro Obregón. Al final de la derrota, quedó relegado en una comandancia militar de Jalisco pero sin mando de gente. Su última participación política fue en 1923, en la rebelión delahuertista. Incorporado a las fuerzas del general Enrique Estrada obtuvo valiosos triunfos ante las tropas federales. En Teocuitatlán de Corona, Jalisco, derrotó a una columna mandada por el general Lazaro Cárdenas del Río, a quién tomó preso y después dejó en libertad. Entró en Yuriria y después siguió por Acámbaro rumbo a Morelia, en cuya toma murió por bala el 23 de enero de 1924.

Hombres de organización

Venustiano Carranza (1859-1920)

Nació en Cuatro Ciénegas, Coahuila, siendo en undécimo hijo de una prole de quince que engendró el coronel Jesús Carranza. Estudió en el Ateneo Fuente, de Saltillo y en la Escuela Preparatoria de la ciudad de México, que tuvo que abandonar por enfermedad. Regresó a Coahuila, donde dirigió los trabajos de los ranchos familiares de Las Ánimas y El Fuste. En 1887, y en 1894 desempeñó el cargo de presidente municipal de su pueblo natal. Más tarde fue diputado local, diputado federal suplente, senador propietario y gobernador interino de Coahuila en 1908. En la lucha electoral de 1910 figura entre los partidarios del general Bernardo Reyes. Al estallar la revuelta maderista colaboró con los revolucionarios sin comprometerse con la causa. Gobernador de Coahuila hasta la muerte de Madero, el 26 de marzo de 1913 lanzó el Plan de Guadalupe, desconociendo a Victoriano Huerta y a los poderes legislativo y judicial, y asumió la presidencia provisional enarbolando la bandera de la constitucionalidad, es decir, el respecto irrestricto a la constitución, como única fuente de legalidad para el ejercicio del poder que era la propuesta fundamental del Plan de Guadalupe.

Como primer jefe del ejército constitucionalista inició su marcha a Sonora. Durante su lucha contra Huerta tuvo que hacer frente a la intervención norteamericana. Ocupó la ciudad de México el 20 de agosto de 1914. Su ruptura con Villa desencadenó una nueva oleada de violencia.

LA CONVENCIÓN DE AGUASCALIENTES
Eduardo Guerrero

Al triunfar los carrancistas
del gobierno usurpador,
la capital fue ocupada
por Carranza vencedor.

Muchos jefes no querían
que el primer jefe siguiera
y acordaron que otro jefe
en Convención se eligiera.

Carranza su anuencia dio
y se eligió a Aguascalientes,
para que allí se reunieran
y arreglar cosas pendientes.

Villa, Natera y Gutiérrez
trataron de hacer presión,
porque se quitara el mando
a Carranza sin razón.

Se discutió con denuedo
y se llegó a la conclusión
que debía ser nombrado
presidente de la nación.

Tres partidos se formaron
en aquella grande asamblea,
villistas y carrancistas
y otro terció en la pelea.

Muchos días de discusiones
separaron a los leales,
y enemigos se volvieron
por cuestiones personales.

Con arranque de patriotismo
los diputados propusieron
que sus firmas se asentaran
en la enseña tricolor.

Hubo debates caldeados
para rebatir la idea,
y un enviado de Zapata
hizo una ofensa muy fea.

Desgarró nuestra bandera
diciendo que era quimera,
que un trapo no era la patria
sino una enseña cualquiera.

Mucho trabajo costó
a la gente moderada
hacer que las armas guardaran
los que a luchar se aprestaban.

Después de no convencerse,
en muy largas discusiones
se hablaba de suspenderla
cuando hicieron concesiones.

Propuso el tercer partido
a Gutiérrez presidente
y a él se aliaron los villistas
y Elulalio fue presidente.

Carranza nunca aceptó,
lo quitaran del poder
y a sus afectos mandó
la Convención desconocer.

Villa avanzó en son de guerra
y Carranza, al retirarse,
dejó la gran capital
pa' en Apam atrincherarse.

Otra guerra se incendió
más fuerte y encarnizada,
villistas y carrancistas
destrozaron la patria amada.

Veracruz fue capital
del partido de Carranza,
y se guerreó con gran saña
y la mayor desconfianza.

Con los buenos elementos
que agenció en el extranjero,
pudo armar a nuevas tropas
y llegó a ser el primero.

Tomó la ciudad de Puebla
contra gentes de Zapata,
después se ocupó Pachuca
y llegaron a Oaxaca.

Luego a México tomaron
y a Querétaro también,
y en Celaya y el Bajío
Obregón triunfó muy bien.

Villa perdió cuanto tuvo
y hasta Chihuahua marchó,
y México pacificado
a Carranza lo ensalzó.

Se hicieron las elecciones
y a Carranza lo eligieron,
entrando al orden legal,
y en paz los que sucumbieron.

Reunida la Convención Revolucionaria en Aguascalientes, que pretendía evitar la generalización de hostilidades con el nombramiento del general Eulalio Gutiérrez como presidente, Carranza no aceptó las decisiones, abandonó la capital e instaló su gobierno en el puerto de Veracruz. Villa entró en la ciudad de México el 6 de diciembre de 1914, pero las tropas al mando de Obregón lo derrotaron y Carranza pudo regresar a la capital. Convocó a un congreso que tenía la finalidad de reformar la Constitución de 1857, que en realidad desembocó en la promulgación de una nueva, el 5 de febrero de 1917, y que es la que actualmente rige a la nación mexicana; en esta Carta Magna se introdujeron una serie de conceptos muy avanzados para su época, como la regulación humanista de las relaciones obrero-patronales, que quedaron plasmadas en el artículo 123, la reforma agraria (artículo 27) y la reforma educativa (artículo 3); es indudable la influencia de Carranza en el logro de una legislación que responde puntualmente a los ideales que dieron sentido a la Revolución.

Electo presidente de la República, durante su administración dirigió con gran dignidad los problemas de la política, logrando conciliar su gobierno con los intereses extranjeros en México y sorteó con habilidad los problemas creados a consecuencia de la Primera Guerra Mundial. Internamente tuvo que hacer frente a numerosas sublevaciones, siendo una de la más importantes la comandada por Emiliano Zapata, a quien mandó asesinar. Inició la reestructuración del Estado Mexicano y tuvo que intervenir los bancos para detener los graves problemas económicos que había provocado la Revolución. Al avecinarse la sucesión presidencial, Carranza apoyó la candidatura de Ignacio Bonillas, lo que provocó que el grupo sonorense proclamara el Plan de Agua Prieta y se levantara en armas. Carranza se vio obligado a abandonar la capital con rumbo a Veracruz, pero en el trayecto fue asesinado por las tropas al mando de Rodolfo Herrero, en el caserío de Tlaxcalaltongo. Sus restos descansan en el Monumento a la Revolución.

Juan José Ríos (1882-1958)

Precursor de la Revolución nacido en Fresnillo, Zacatecas. Fue uno de los dirigentes de la huelga de Cananea en 1906 y por esa causa fue encarcelado en San Juan de Ulúa. En 1911, al triunfo de la revolución maderista, fue liberado y más tarde se afilió al constitucionalismo en el cuerpo del ejército del noroeste, en 1913. Gobernó en el Estado de Colima dos veces (1914 y de 1915 a 1917). En el primer periodo hizo campaña en Nayarit, junto con Obregón, y en el segundo estableció el salario mínimo de un peso en todo el Estado, repartió ejidos, realizó dos emisiones de papel moneda y construyó una escuela de artes y oficios. Después fue oficial mayor de la Secretaría de Guerra y Marina, jefe del Estado Mayor Presidencial y secretario de Gobernación, con Pascual Ortiz Rubio. Murió en la ciudad de México.

Bernardo Reyes (1850-1913)

Militar nacido en Guadalajara, Jalisco. Llegó a general a los treinta años, después de una brillante carrera. Fue enviado por Porfirio Díaz en 1885 a Nuevo León a combatir a Treviño y Naranjo. De 1885 a 1887 fue gobernador provisional de Nuevo León; repitió el cargo de 1889 a 1900, y en 1903 fue reelecto gobernador del Estado hasta 1909. Postulado par la presidencia por los opositores de Díaz, rechazó la candidatura y marchó a Europa. Regresó a México en 1911, cuando ya había triunfado la revolución maderista. Primero fue opositor a Madero y terminó siendo su partidario. Murió frente al Palacio Nacional en el inicio de la Decena Trágica, en la ciudad de México.

Salvador Alvarado (1880-1924)

Militar y político nacido en Sinaloa. En 1910 se afilió al Partido Antirreleccionista. Formó parte de la columna que fue a Sonora para combatir a Pascual Orozco. Participó en varios combates. En 1915 fue nombrado gobernador y comandante militar de Yucatán y durante su gobierno condonó las deudas que tenían los campesinos con los hacendados, suprimió los castigos, prohibió la servidumbre doméstica sin retribución y persuadió a las mujeres para que ejercieran sus derechos. Fundó las escuelas vocacionales de Agricultura y Bellas Artes; en total estableció más de mil escuelas. En 1915 expidió la Ley del Trabajo y creó las Juntas de Conciliación y el Tribunal de Arbitraje. Desempeñó algunos otros cargos públicos y apoyó al presidente Adolfo de la Huerta. Murió asesinado por el teniente coronel Diego Zubiar en una hacienda llamada El Hormiguero.

Manuel Palafox (1876-1918)

Profesor nacido en el estado de Morelos. Fue secretario de Emiliano Zapata (1914) ; secretario de Agricultura y Colonización durante la presidencia de Eulalio Gutiérrez. Fundó el Banco de Crédito Rural, varias escuelas regionales de agricultura y la Fábrica Nacional de Implementos Agrícolas; creó una oficina encargada del reparto de la tierra y confiscó todos los ingenios y destilerías de alcohol del estado de Morelos, que volvieron a trabajar como empresas públicas administradas por los jefes revolucionarios. En 1918 firmó una proclama desconociendo a Zapata; se le hizo prisionero, logro fugarse y firmó, con el general Everardo González un nuevo Plan de Ayala, por lo que volvió a ser aprehendido y esta vez fusilado.

Carlos Randall (1862-1929)

Nacido en Guaymas, Sonora, en 1910, se afilió al partido Anti-rreelecionista y fue vocal de la Junta Revolucionaria en Nogales. Tuvo gran influencia en Sonora al triunfo del maderismo. Fue gobernador interino del Estado en 1911 y diputado federal por Guaymas un año después. Fue gobernador de Sonora en 1915 por órdenes de Francisco Villa. Se exilió en Estados Unidos en 1920. Murió en Tucson, Arizona.

Manuel Ávila Camacho (1879-1955)

Nació en Teziutlán, Puebla. Estudió la carrera de contador y en 1914 se afilió al movimiento constitucionalista como pagador de la Brigada de Juárez, del 38° Regimiento, conde comenzó lo que sería una larga carrera militar y participó en numerosas campañas, sobre todo en la guerra contra los cristeros. En 1937 fue secretario de Guerra y Marina, que por su iniciativa se convirtió en Secretaría de la Defensa Nacional. En 1939 renunció a dicho cargo para contender en la lucha electoral para la presidencia de la República, venciendo a su poderoso opositor Juan Andreu Almazán, y tomó posesión el 10 de diciembre de 1940. Durante su administración se firmaron los acuerdos que finiquitaron los problemas con las compañías petroleras norteamericanas afectadas por la expropiación. La Secretaría de Educación inició una gran campaña de alfabetización; se reanudaron relaciones con la Gran Bretaña y con la Unión Soviética. En su régimen se declaró la congelación de rentas en beneficio de las clases populares y se estableció el servicio militar obligatorio. Declaró la guerra a Alemania después del hundimiento de los buques petroleros *Potrero del Llano y Faja de Oro*. En 1942 se intervinieron los bienes de los ciudadanos alemanes e italianos. Aunque durante la guerra se mantuvo una estrecha colaboración con los Estados Unidos, nunca se puso en riesgo la soberanía nacional. En 1943 crea el Seguro Social y se entrevista en Monterrey con el presidente americano Franklin D. Roosevelt. En 1944 inaugura el Instituto Nacional de Cardiología. En 1946 termina su mandato presidencial, y se retira a la vida privada. Muere en su hacienda La Herradura.

Silvano Barba González (1895-1967)

Político nacido en Valle de Guadalupe. Desde muy joven participó en movimientos políticos revolucionarios. En 1919, siendo todavía estudiante, fundó el, Partido Liberal Jaliciense. Fue senador por su Estado natal, secretario de Gobernación y presidente del Partido Nacional Revolucionario (que se convertiría en el PRI), de 1936 a 1938. Fue Jefe del Departamento de Trabajo y del Agrario; gobernador interino y luego constitucional del Estado de Jalisco, de 1939 a 1943. Como historiador, su obra más conocida es *La lucha por la tierra* (cinco volúmenes). Murió en la ciudad de México.

Ignacio Bonillas (1858-1942)

Ingeniero y político nacido en San Ignacio, Sonora. Se tituló como ingeniero de minas en Boston y fue diputado maderista entre 1911 y 1913. Tuvo diversos cargos en Sonora y tras el golpe militar de Huerta se incorporó al Carrancismo, siguiendo a don Venustiano hasta Veracruz. Embajador en Washington desde 1917. Elegido por Carranza como la mejor opción civil en las elecciones de 1920, que ofrecían la disyuntiva entre Obregón y Pablo González, fue atacado violentamente por los seguidores de los dos generales revolucionarios quienes lo acusaron de ser el "hombre de paja" de Carranza. Al triunfo del Plan de Agua Prieta, siguió a Carranza hasta Tlaxcalaltongo y luego se exilió en los Estados Unidos, donde falleció.

Alberto José Pani Arteaga

Economista de profesión, fue partidario de Francisco I. Madero, quien lo nombró subsecretario de Instrucción Pública. Fue Secretario de Industria, Comercio y Trabajo con Carranza; Secretario de Relaciones Exteriores en 1923 y Secretario de Hacienda con Obregón, Calles y Rodríguez. Se encargó, de 1924 a 1928, del saneamiento de la economía mexicana con el programa *"Nueva Política Económica"*. Por sus contribuciones Alberto J. Pani es considerado el autor del moderno sistema financiero mexicano. Murió en la ciudad de México en 1955.

Manuel Pérez Treviño (1890-1945)

Militar nacido en Guerrero, Coahuila. Se afilió al movimiento constitucionalista en 1913; fue jefe del Estado Mayor del presidente Álvaro Obregón, gobernador de Coahuila, secretario de Industria, Comercio y Trabajo (1923-1924); presidente del Partido Nacional Revolucionario (1930), puesto al que renunció para aceptar la candidatura a la presidencia de la República. En 1935 fue embajador en España. Murió en la ciudad de México.

Pascual Ortiz Rubio (1877-1963)

Nacido en Morelia, Michoacán. Estudió en el Colegio de San Nicolás de Hidalgo y en la Escuela Nacional de Ingenieros de la Ciudad de México. Participó en la revolución maderista. Fue electo diputado al Congreso de la Unión y en 1913 puesto en prisión junto con otros legisladores enemigos de Victoriano Huerta. Más tarde se adhirió al constitucionalismo. En 1917 quedó a cargo de la gubernatura de Michoacán, donde permaneció hasta 1920. Estuvo a favor del Plan de Agua Prieta; fue secretario de Estado en el gabinete de Adolfo de la Huerta y en el del general Álvaro Obregón. Durante la presidencia de Calles fue nombrado ministro en Alemania, y en 1926 embajador en Brasil, de donde regresó para presentar su candidatura a la presidencia. Triunfante tomó posesión el 5 de febrero de 1930, día en que también sufrió un atentado que lo obligó a dejar la administración pública en manos de sus colaboradores durante sesenta días. Finalmente retomó el poder y permaneció en él hasta el 4 de septiembre de 1932, cuando renunció a causa de la oposición de los gobernadores de los estados y del general Plutarco Elías Calles. Durante su gobierno se fundó la Comisión Nacional de Turismo, se establecieron en Baja California los dos territorios del norte y del sur; se inauguró la carretera de México a Nuevo Laredo, Tamaulipas; se promulgó la Ley Federal del Trabajo (1931); México ingresó a la Liga de las Naciones; se suprimió el territorio de Quintana Roo y se ampliaron los límites de Campeche y Yucatán. Vivió en los Estados Unidos y en 1935 volvió a México y el presidente Cárdenas lo nombró gerente de la compañía Petro-Mex, puesto que dejó al poco tiempo para dedicarse a su profesión. Escribió *Memorias de un penitente* (1916); *La Revolución de 1910. Apuntes históricos* (1920); *Apuntes geográficos del Estado de Michoacán* (1917) y sus *Memorias* (1895-1928).

Abelardo L. Rodríguez (1889-1967)

Nacido en Guaymas, Sonora, en 1913 se afilió a las tropas constitucionalistas, participó en varias batallas, y en 1920 se adhirió al Plan de Agua Prieta; al triunfo de éste es nombrado Jefe de Operaciones de Tehuantepec, y en 1923 gobernador de Baja California. Más tarde viajó por Europa y a su regreso se hizo cargo de la Secretaría de Guerra y Marina (1931), y de la Secretaría de Industria, Comercio y Trabajo (1932). Cuando renunció Pascual Ortiz Rubio a la presidencia, el Congreso de la Unión lo designó presidente sustituto, asumiendo el cargo el 4 de septiembre de 1932, hasta el 30 de noviembre de 1934. Durante su gobierno se creó el Banco Hipotecario de Obras Públicas, la ley de beneficencia privada, la Ley Orgánica de la Universidad Autónoma de México; se inauguró el Palacio de Bellas Artes. La influencia de Plutarco Elías Calles en el gobierno era decisiva, desde un principio hubo una estrecha unión entre Calles y Rodríguez. Una vez terminado su periodo presidencial se dedicó a los negocios y falleció en La Jolla, California, Estados Unidos.

Alberto J. Pani (1878-1955)

Ingeniero y político nacido en la ciudad de Aguascalientes. Participó activamente en el movimiento antirreleccionista. Al triunfo de Madero fue nombrado secretario de Instrucción Pública. En 1916 fungió como delegado a las conferencias de New London y Atlantic City, celebradas a consecuencia de la penetración de Villa en Columbus y la expedición punitiva de Pershing. Fue embajador de México en Francia y en España. Dirigió las obras de Palacio Nacional y Bellas Artes. El último cargo público que ocupó fue el de Secretario de Hacienda, con Pascual Ortiz Rubio. Murió en la ciudad de México.

Rafael Sánchez Tapia (1887-1946)

Militar nacido en Aguililla, Michoacán. Se incorporó al movimiento revolucionario en 1911. Fue gobernador de Michoacán, precandidato a la presidencia de la república (se retiró antes de las elecciones), y secretario de Economía en el gobierno de Lázaro Cárdenas. Murió en la ciudad de México.

Alonso de Zubarán (1875-1948)

Abogado y político nacido en Campeche. Maderista y constitucionalista, fue secretario de Gobernación durante el gobierno de Venustiano Carranza (1914-1916), agente en Washington, presidente municipal de la ciudad de México. Participó en el movimiento delahuertista (1923-1924) a cuyo término se exilió en Estados Unidos. Murió en la ciudad de México.

Pastor Rouiaix 81874-1949)

Ingeniero y político nacido en Tehuacán, Puebla. Al iniciarse la Revolución se adhirió al maderismo, a cuyo triunfo fue nombrado jefe político y diputado local de Durango. Renunció a su cargo por el cuartelazo de Victoriano Huerta y ocupó la gubernatura provisional de Durango de 1913 a 1914. En este lapso emitió cuatro millones de pesos en papel moneda, impulsó las industrias, expidió la primera ley agraria del país y decretó la expropiación de los bienes de la Iglesia. Combatió con la División del Norte. Fue oficial del despacho de Fomento y Colonización y más tarde de Industria y Comercio, con Carranza. Trató de rescatar para la nación la propiedad del subsuelo y exigió a los usufructuarios de derechos de uso y dominios de tierras y aguas que renunciaran a la protección de sus gobiernos. De 1917 a 1932 ocupó importantes cargos públicos. Estuvo presente en la muerte de Venustiano Carranza en Tlaxcalaltongo. Autor de *La influencia azteca en la República Mexicana* (1929), *Consideraciones generales sobre el estado social de la nación mexicana antes de la Revolución. Régimen político del estado de Durango durante la administración porfirista* (1927), *Génesis de los artículos 27 y 123 de la Constitución política de 1917* (1959). Fue un destacado ideólogo del agrarismo. Murió en la ciudad de México.

Roque Estrada Reynoso (1883-1966)

Abogado y político nacido en Moyahua, Zacatecas. Fue uno de los fundadores del Centro Antirreleccionista de México. Formó parte de la Junta Revolucionaria de San Antonio, Texas. Fue secretario particular de Madero. Se levantó en armas en Zacatecas a la muerte de Madero y fue hecho prisionero. Fue diputado federal por Zacatecas, candidato a la presidencia de la República por el Partido Reconstructor Jaliciense y presidente de la Suprema Corte de Justicia a partir de 1942. Murió en la ciudad de México.

Alberto García Granados (1849-1915)

Ingeniero y político nacido en Puebla. Se afilió al Partido Antirreleccionista y combatió los últimos años del gobierno porfirista. Durante la presidencia de León de la Barra fue gobernador del Distrito Federal y secretario de Gobernación, cargo que volvió a ocupar en el periodo de Victoriano Huerta. Al triunfo de las fuerzas carrancistas fue aprehendido y consignado al cuarto juzgado militar; fue encontrado culpable de haber participado en el asesinato del presidente Madero y fue fusilado en la escuela de tiro de San Lázaro.

Roque González Garza (1885-1962)

Nacido en Saltillo. Estudió la carrera comercial. En 1908 comenzó a figurar en política en contra de Díaz y a favor de Madero, a quien acompañó en su campaña presidencial. Participó en los combates más importantes contra Huerta. Ocupó el cargo de Presidente de la República del 19 de enero al 11 de junio de 1915, cuando entregó el poder a Francisco Lagos Cházaro. Cuando venció la corriente constitucionalista se exilió por varios años. A la muerte de Carranza regresó a México y desempeñó algunos cargos públicos.

Eulalio Gutiérrez (1881-1939)

Liberal nacido en la hacienda de Santo Domingo, municipio de Ramos Arizpe, Coahuila. Minero durante su niñez, se unió al Partido Liberal en 1906. Permaneció en pie de lucha después de la caída de Madero, y el 30 de mayo de 1913 tomó la población minera de Concepción del Oro, en Zacatecas. Luchó contra Huerta hasta el triunfo de Carranza, en 1914. La Convención de Aguascalientes, que pretendía mediar entre carrancistas y otros grupos, lo nombró presidente interino de la República el 6 de noviembre de 1914. El 16 de enero de 1915 publicó un manifiesto en donde destituía a Venustiano Carranza, Emiliano Zapata y Francisco Villa, declarando establecido su gobierno en San Luis Potosí. Pero no logra vencer a Carranza y se exilia a los Estados Unidos. Más tarde fue senador por el Estado de Coahuila y gobernador y comandante militar de San Luis Potosí. Participó en el levantamiento escobarista. Murió en Saltillo.

Eduardo Hay (1877-1941)

Ingeniero revolucionario diplomático y escritor nacido en la ciudad de México. Participó en la campaña de Francisco I. Madero. Desempeñó diversos cargos públicos y se graduó de ingeniero en la Universidad de Notre-Dame. Construyó la presa de San Nicolás, en La Joya, Jalisco, el sistema de riego de la hacienda de La Llave, y una caída de agua de trescientos metros cerca de la ciudad de Querétaro. Desempeñó también cargos diplomáticos, fue agente confidencial ante los gobiernos de Brasil, Colombia, Chile, Perú y Venezuela; embajador en Italia de 1918 a 1923; en Guatemala (1929) y cónsul general en París, de 1933 a 1934.

Francisco Lagos Cházaro (1978-1932)

Presidente convencionista nacido en Tlacotalpan, Veracruz. Fue antirreleccionista en 1909 y maderista en 1910. En 1913 fue presidente del Tribunal Superior de Justicia de Coahuila. En junio de 1915, la Convención decidió que sustituyera en la presidencia de la república a Roque González Garza. Tuvo que abandonar la capital y establecerse en Toluca, por la amenaza constitucionalista. Después se enteró de que la Convención había sido disuelta y salió al extranjero. Regresó en 1920. Murió en la ciudad de México.

Álvaro Obregón (1880-1928)

Álvaro Obregón Salido nació en Siquisiva, hoy Navojoa, Sonora, el 19 de febrero de 1880. Hijo de Francisco Obregón Gámez y de doña Cenobia Salido Palomares. Se dice que tenía sangre irlandesa y que algunos de sus antepasados habían sido aristócratas españoles. Ese mismo año quedó huérfano de padre, por lo que su madre debió ausentarse del hogar familiar encargando la crianza del niño Álvaro a sus hijas mayores: Cenobia, María y Rosa. Después entró a la escuela local, de la que su hermano José era el director.

Hacia fines de 1898, Obregón decidió revivir la antigua prosperidad de la hacienda familiar, comenzó labores de agricultor, pero la situación económica agravada por la crisis, sus rudimentarias herramientas, el clima y su escaso capital mermaron las tierras y lo obligaron a regresar a Huatabampo, en 1906. Sin embargo, en sus intentos fracasados de convertirse en agricultor, logró conseguir ahorros que le permitieron comprar la *Quinta Chilla*. Ese mismo año, conoció a Refugio Urrea con quien tuvo dos hijos, Humberto y María del Refugio. A partir de 1907, Obregón comenzó a manifestarse partidario de las causas populares y más tarde se declaró partidario de Madero, pero no participó en ninguna acción armada sino hasta 1912, cuando el gobernador de Sonora, José Maytorena, solicita a los municipios que formen tropas irregulares, con objeto de oponerse a los ataques de las fuerzas rebeldes de Pascual Orozco. Obregón se distingue como organizador y al poco tiempo se convierte en teniente coronel del Cuarto Batallón de Irregulares, al frente de trescientos hombres, principalmente indios yaquis y mayos. Su improvisado ejército sólo cuenta con dos fusiles, pero todos los combatientes van armados con arcos y flechas. Esas fueron las primeras milicias de quien fuera el gran estratega de la Revolución.

Ante los acontecimientos de la Decena Trágica y la toma del poder por Victoriano Huerta, todo el norte del país se levantó en armas para deponer al usurpador, reuniéndose en torno a la figura del entonces gobernador de Coahuila, Venustiano Carranza, quien proclamó el Plan de Guadalupe, oficializando así la lucha contra Huerta. Obregón se unió al movimiento y fue nombrado jefe militar de la ciudad de Hermosillo, desde donde partió, al mando de quinientos soldados, para tomar la plaza de Nogales, lo que se dificultaba por las condiciones del clima y la destrucción de las vías de comunicación por parte de las fuerzas federales; sin embargo, Obregón logró tomar la ciudad y con ello logró apertrechar y aumentar sus fuerzas. Esta batalla fue importante para él, no sólo en el aspecto militar, sino también político, pues en esta acción participaron también personajes que llegarían a ser relevantes en el futuro, como Plutarco Elías Calles, Esteban Baca Calderón, Arnulfo R. Gómez y Manuel M. Diéguez.

El mismo día de la proclamación del Plan de Guadalupe, el 26 de marzo, cayó en manos de las fuerzas constitucionalistas la ciudad y puerto de Guaymas, estratégica para el comercio estatal. Después, el objetivo principal de Obregón era Cananea, importante ciudad minera. Ya nombrado por Carranza Jefe Militar de Sonora, Obregón atacó y tomó Cananea, para después extender su campaña por todo el estado, con lo que, a finales de marzo, todas las ciudades importantes del estado habían caído en manos del Ejército Constitucionalista.

El siguiente paso de la guerra era tomar Naco, pero las rencillas entre los jefes constitucionalistas y las maniobras de defensa emprendidas por Pedro Ojeda, retrasaron alrededor de quince días la toma de la ciudad. Obregón ideó que un vagón de ferrocarril pasara e hiciera estallar las trincheras federales. Pero este plan fracasó logrando que muchos de los soldados se pusieran en contra de Obregón e incluso intentaran fusilarlo.

Un grupo de su escolta le defendió, salvándole así la vida. Finalmente, el 12 de abril, por la noche, tras una encarnizada batalla, Álvaro Obregón tomó Naco, y a partir de ahí se convirtió en el general más importante para Carranza, quien lo nombró comandante militar de los estados de Sonora, Sinaloa, Durango, Chihuahua y Baja California. Tras ocupar Culiacán, se lanzó a la toma de Topolobampo, auxiliando a los generales Rivero e Iturbide. En esa batalla se utilizó, por primera vez en el mundo, un avión como instrumento bélico.

En marzo de 1914, Carranza ordenó a Obregón comenzar la campaña para llegar a la toma de la ciudad de México, y de esa manera terminar con Huerta. En mayo comenzó la ofensiva final, comenzando con la toma de Mazatlán, Tepic y Colima. En julio, después de la batalla de Orendáin, Obregón entró en Guadalajara, donde supo de los triunfos de los dos grandes jefes revolucionarios: Villa y Zapata, por lo que entendió que el régimen de Huerta tenía los días contados.

Finalmente, Victoriano Huerta decidió renunciar y abandonó el país. Francisco Carvajal, presidente interino de la república, intentó pactar con Obregón, quien de inmediato movilizó sus tropas a la ciudad de México, a la que entró el 14 de agosto de 1914, al frente de un ejército de dieciocho mil soldados. El 20 de ese mismo mes, Carranza llegó a la ciudad y condecoró a Obregón.

Carranza pretendía organizar una junta de todos los jefes revolucionarios a fin de decidir el futuro político de la nación. Por ello, ordenó a Obregón viajar al estado de Chihuahua para entrevistarse con Francisco Villa, y ellos dos pudieran convencer a otros líderes locales de la importancia de la junta. En su primer viaje, visitaron al gobernador sonorense Maytorena, quien acusó a Obregón de traición. Éste, en cambio, le pidió al gobernador comprobar sus acusaciones ante Villa, pero en el acto se vio intimidado y prefirió retractarse. Obregón comisionó a Maytorena como jefe de las tropas estatales, bajo la condición de reconocerle como suprema autoridad militar, puesto que de no hacerlo sería destituido. Para asegurarse de ello, ordenó a Benjamín Hill permanecer en el territorio de Sonora.

Para el segundo encuentro entre Villa y Obregón, Maytorena había hecho ya una labor de intriga, convenciendo a Villa de la inconveniencia de someterse a Carranza, quien ahora era nombrado como el Primer Jefe. Por lo tanto, la actitud de Villa hacia Obregón se tornó bastante hostil, ordenando a Hill retirarse del estado, lo que Obregón rechazó. Villa se enfureció y estuvo a punto de fusilar a Obregón, pero la intervención de Eugenio Aguirre Benavides le salvó la vida.

Villa decidió no asistir a la junta convocada por Carranza y desconocerle como jefe revolucionario. Obregón logró escapar y Villa ordenó que se le aprehendiera nuevamente; pero Obregón fue apoyado por los generales José Isabel Robles y Eugenio Aguirre Benavides, gracias a lo cual llegó con vida a la ciudad de México. Obregón ofreció nuevamente a Carranza intentar pactar con Villa y sus tropas para la realización de la convención revolucionaria. Se acordó que se realizara en un lugar neutral para ambas fuerzas, y la elegida fue Aguascalientes, donde las sesiones iniciaron el mes de octubre.

LOS COMBATES DE CELAYA
Anónimo (versión obregonista)

El día trece de abril
los combates principiaron
en la ciudad de Celaya
los carrancistas triunfaron.

Un gran número de gente
que traiba Álvaro Obregón,
fueron los que resguardaron
por todita la estación.

Los carrancistas adentro,
los villistas les cayeron,
les empiezan a hacer fuego
y los de adentro corrieron.

Les decía Álvaro Obregón,
"Ahora nos vamos a ver,

hoy me matan o los mato
o me quitan el poder".

Por el lado Salvatierra
se agarraron a balazos,
unos tiran con metralla
y otros puros cañonazos.

Por este lado de Estrada,
el Becerro y San Juanico,
nomás zumbaban las balas
y hasta se lamían el pico.

Por el lado de Apaseo
entró el general Urbina,
les ha quitado fortines
a tiro de carabina.

Por el lado Santa Cruz
estaban posesionados,
allí fue donde acabaron
casi todos los rayados.

Les decía Álvaro Obregón:
"Vámonos a pecho a tierra,
vamos a ver a ese Villa,
que dicen que es muy pantera".

Decía Álvaro Obregón,
en su combate en Celaya:
"Éntrale, Francisco Villa,
a dirigir la campaña".

Llegaron las avanzadas
desde El Guaje hasta La Venta,
nomás se oía el tronadero
de máuser y treinta-treinta.

¡Que viva Alfredo Elizondo,
es un gran gobernador!
¡Que viva Joaquín Amaro,
también su Estado Mayor!

Les echaron l' agua encima
para poderles ganar,
ahí fue donde los villistas
ya no pudieron pasar.

En la hacienda de Sarabia
tuvieron otro agarrón,
ahí fue donde Pancho Villa
los correteó hasta el panteón.

"Éntrale Francisco Villa,
¿no que eres tan afamado?;
en la hacienda de Sarabia
corriste como un venado."

"Si no les corro me alcanzan,
me tumban el pantalón
y me llevan de la cola
como si fuera un ratón."

Señores, tengan presente
lo que en Celaya pasó:
que el ejército villista
casi todo se acabó.

Obregón decía a los yaquis:
"No tengan miedo que mueran;
muchachos", les aconsejó:
"revivirán en su tierra".

Respondió un soldado de ellos:
"no es cierto, mi general,
le escribí a un hermano muerto,
no me ha vuelto a contestar".

Todos los carabineros
y también la artillería
peleaban toda la noche
y también todito el día.

Pelearon los carrancistas,
pelearon sin compasión,

que a tres leguas de distancia
trascendía la corrupción.

Alrededor de Celaya,
estaba todo ajoyado
donde estaban los carranzas,
todos bien afortunados.

Les decía Francisco Villa
por arriba de las lomas:
"Aquí les traigo a los hombres
no tuzas escarbalonas".

Y decían los carrancistas:
"Ahora de aquí no salimos,
que si llegan los villistas
aquí nos acabaremos".

Les decía Francisco Villa:
"Vamos pa' fuerita ya,
a tirarnos a la orilla,
no a tirarle a la ciudad."

En la Hacienda de Santa Ana,
tres leguas lejos de León,
allí fue' onde perdió el brazo
el general Obregón.

Ya con ésta me despido,
antes de que yo me vaya,
ya les canté a mis amigos
los combates de Celaya.

Obregón pretendió debilitar al villismo, manipulando a sus principales asesores y consejeros; pero fracasó en su intento y Eulalio Gutiérrez fue declarado presidente provisional en sustitución de Carranza. A partir de enero de 1915 se desataron las hostilidades de los "convencionistas" en contra de Carranza y éste tuvo que establecer su gobierno en Veracruz, por lo que los villistas decidieron cortar las vías del ferrocarril de

Puebla hacia Veracruz, para lo cual comisionaron a fuerzas zapatistas, que pronto fueron detenidas por el general Pablo González. En el noroeste, Felipe Ángeles había logrado combatir con éxito a los villistas y pronto pudo llamar a Obregón para que participara en la campaña de Chihuahua, donde se dieron los primeros encuentros militares entre ambos ejércitos. Más tarde, a principios de abril de 1915 se produjo el segundo encuentro entre las tropas villistas y obregonistas. Villa lanzó andanadas de bombas que hacían retroceder a las fuerzas de Obregón; pero finalmente él pudo ganar posiciones y venció a Villa la noche del 6 de abril.

Obregón escribió a Carranza confiado de la seguridad de su victoria, pero Villa aprovechó para presentar batalla nuevamente el 13 de abril, siendo derrotado en cuestión de pocas horas. Se retiró al Bajío y escribió desde ahí una misiva pidiendo a Obregón no perseguir a sus soldados, pues estaban hambrientos y no podrían defenderse. Después de ello, ambos ejércitos tuvieron enfrentamientos pequeños en la zona abajeña.

La mañana del 3 de julio, Obregón salió con algunos miembros de su escolta a recorrer el patio principal de una hacienda, de la que habían recibido reportes de ataques villistas. De pronto, una guardia de soldados al servicio de Francisco Villa salió y atacó con granadas al conjunto de hombres de Obregón, quien fue herido por uno de los proyectiles, perdiendo en el acto su brazo derecho. Pensando que habían logrado asesinar a Obregón, los villistas regresaron a su campamento. Obregón, como relató años después a Vicente Blasco Ibáñez, sintió profundo dolor psicológico por la pérdida de su brazo e intentó suicidarse, disparándose a la sien con una pistola que encontró en su entorno, pero afortunadamente ésta estaba descargada. Pocas horas más tarde recobró el sentido y fue informado de la toma de León, por parte de las fuerzas de Villa. A los pocos días decidió salir de Celaya y pronto tomó Saltillo, Aguascalientes y Torreón. Al llegar a Sonora expulsó a los villistas del territorio estatal e instauró pactos de paz con el ejército yaqui.

En marzo de 1916, fue nombrado Ministro de Guerra y Marina, en el gabinete de Carranza establecido en Querétaro.

Desde este cargo participó en la redacción de la Constitución de 1917, principalmente en los aspectos militares. Como ministro, fundó la Escuela Nacional para Pilotos, la Academia del Estado Mayor y la Escuela de Medicina Militar. Tras establecer el nuevo gobierno en la ciudad de México, el 5 de febrero de 1917, Obregón siguió en su puesto, pero renunció el 30 de abril, declarando que deseaba dedicarse a la vida privada como agricultor. Pero aquello tal vez no fue más que una maniobra política, pues el primero de junio de 1919, desde su hacienda La Quinta Chilla, Obregón lanzó su candidatura para la presidencia de la República.

Viéndolo ahora ya no como el aliado incondicional que había sido, sino como un opositor de gran envergadura, Carranza se dedicó a desmembrar los apoyos a Obregón en el Congreso de la Unión y lanzó la candidatura de un incondicional suyo, Ignacio Bonillas, que hasta ese momento se había desempeñado como embajador de México en Washington. Al parecer, lo que pretendía Carranza era promover un gobierno civil que lograse la pacificación definitiva del país.

Aunque su campaña política había comenzado desde el otoño de 1919, fue hasta enero de 1920 cuando inició su gira política. No tenía aún un partido con el cual pudiera ser representado en las elecciones, pero en marzo, el presidente del Partido Liberal Constitucionalista, Luis N. Morones, le ofreció enarbolar el estandarte de su organización, Obregón aceptó. En mayo fue llamado a juicio en la ciudad de México, ya que el general Roberto Cejudo fue acusado de conspirar y delató a Obregón, quien se hospedó durante el juicio en la casa de Miguel Alessio Robles, donde conoció al escritor español Vicente Blasco Ibáñez. En la primera sesión del juicio, el 11 de abril, Obregón fue acusado de traición al gobierno y de conspirar en contra de Carranza. Juan Barragán, jefe del Estado Mayor de Carranza y amigo personal de Obregón le sugirió escapar antes de que fuera aprehendido. Por esos días fue removido como gobernador de Sonora Adolfo de la Huerta, otro amigo de Obregón, por lo que aumentaron sus sospechas de una conspiración en su contra para evitar que fuera candidato.

La madrugada del 22 de abril, con un disfraz de ferrocarrilero que le proporcionó Alessio Robles, Obregón escapó a la ciudad de Iguala, Guerrero. Fortunato Maycotte, antiguo subordinado suyo en la campaña contra Villa, le informó que en Sonora, Adolfo de la Huerta y Plutarco Elías Calles habían proclamado el Plan de Agua Prieta, lo que significaba una abierta rebelión en contra de Carranza y un apoyo seguro para el propio Obregón.

Carranza se vio solo en la guerra civil que se había desatado a raíz del Plan de Agua Prieta, por lo que decidió volver a instalar su gobierno en Veracruz, tal como lo había hecho en 1914. La mayor parte de su gabinete, con excepción de Luis Cabrera y Manuel Aguirre Berlanga, renunció. En el intento de llegar a Puebla, fue atacado por las tropas de Jesús Guajardo, lo que obligó a la comitiva carrancista a internarse en la sierra poblana, donde Rodolfo Herrero les ofreció ayuda. El 21 de mayo, Herrero, que en realidad era un sicario de los conjurados de Agua Prieta, asesinó a Carranza por órdenes de Plutarco Elías Calles, uno de los principales jefes de la Revolución de Agua Prieta.

El Congreso de la Unión nombró a Adolfo de la Huerta como presidente interino de la república. Durante los seis meses que estuvo en el cargo logró la pacificación del país, hacer que Villa depusiera las armas y aprehender a Félix Díaz, quien se encontraba levantado desde 1914. Finalmente llamó a elecciones y, el 5 de septiembre de 1920, Obregón fue elegido presidente.

Durante su mandato, Obregón intentó mantener el control y equilibrio de las fuerzas políticas imperantes en el país, principalmente del ejército. Por ello, concedió la amnistía a Francisco Villa y Saturnino Cedillo, y a cambio de rendirse y colaborar en la estabilidad del país les otorgó tierras, producto del reparto agrario. Otra de las preocupaciones del gobierno obregonista fue obtener el reconocimiento de Estados Unidos, ya que en caso de una nueva revuelta armada en su contra, Obregón debería usar el apoyo del gobierno norteamericano, lo que consiguió a inicios de 1923, con el Tratado de Bucareli, suscrito por Thomas Lamont, banquero estadounidense, y el Ministro de Hacienda de México, Adolfo de la Huerta. Sin embargo, para lograr el reconocimiento norteamericano, Obregón tuvo que hacer ciertas concesiones, sobre todo en materia agraria, ya que la política nacionalista del artículo 27 constitucional afectaba los intereses de las compañías extranjeras en México.

De la Huerta, estimulado por algunos de sus partidarios, intentó lanzar su candidatura a la presidencia de la República para el periodo 1924-1928. Obregón apoyaba a Calles, y el Partido Liberal se opuso a su pretensión, por lo que lanzó la candidatura de De la Huerta, causando un fuerte conflicto con Obregón. A fines de 1923 dio inicio la rebelión. Todos los personajes en el escenario político que podían dar batalla a Obregón habían muerto, como Lucio Blanco y Villa. Los delahuertistas (como se les conoció a los partidarios de Adolfo de la Huerta), fueron derrotados rápidamente, su líder huyó a Panamá en 1924, mismo año en que Calles fue electo presidente sin muchos problemas.

Al entrar Calles a la presidencia, Obregón se retiró a las labores del campo. Aprovechó los créditos otorgados por el Banco Agrícola para desarrollar sus plantaciones, y así cosechó garbanzo, trigo y algodón. Inició un negocio de combustible para autos, una novedad en el país, por lo que solía frecuentar las principales ciudades de Estados Unidos, como Chicago y Los Ángeles. Mantuvo entrevistas con miembros del gobierno callista, y varias veces visitó al mismo presidente en la capital.

Durante el mandato de Calles, los conflictos religiosos creados por la aplicación radical de algunos artículos constitucionales, produjo que el episcopado mexicano, apoyado por el papa Pío XI ordenara el cierre de los templos católicos del país, ocasionando que la feligresía se lanzara a las armas exigiendo la renuncia de Calles y la derogación de la Carta Magna de 1917.

Es en este contexto que Álvaro Obregón, retirado de la vida política, en la cual seguía teniendo gran peso, decide lanzar su candidatura a la reelección. Calles había intentado desmembrar al ejército y a las organizaciones campesinas, con lo que la figura de Obregón cobró aún más fuerza. Morones, nuevamente, le ofreció la postulación presidencial, la que Obregón aceptó. Sin embargo, poco antes de llegar a México, fue objeto de un intento de asesinato por un grupo de indios yaquis.

La constitución mexicana sufrió una reforma para permitir la reelección en mayo de 1927, con lo que Obregón ganaba partido para su candidatura, principalmente en el terreno de los agraristas. Pero la creciente oposición de la clase militar comenzó a ser representada por los generales Arnulfo R. Gómez y Francisco R. Serrano, ambos candidatos a la presidencia. Serrano era amigo personal de Obregón y peleó junto a él en las guerras contra Villa, y por influencia del sonorense llegó a la jefatura del Distrito Federal. Gómez era el más activo de ambos candidatos, y planeó junto a Serrano detener y ejecutar a Obregón, Calles y Joaquín Amaro, Secretario de Guerra. El 3 de octubre, día del cumpleaños de Serrano, se planeaba que los tres militares fueran aprehendidos, pero el General de División Eugenio Martínez, demostrando siempre su rectitud y compromiso con el gobierno de México legalmente establecido, denunció a éste y a sus seguidores ante las fuerzas federales, que, comandadas por el general Claudio Fox, detuvieron a Serrano y a sus partidarios en Cuernavaca, la mañana del 4 de octubre. Esa noche, fueron sacados de la ciudad con el pretexto de llevarlos a encarcelar a Querétaro, pero al llegar a Huitzilac fueron ejecutados. Gómez, mientras tanto, intentó armar una revuelta en Veracruz, pero fue aprehendido y fusilado el 4 de noviembre. Tras estos intentos de guerra civil, Obregón viajó a la capital, donde al ir a una corrida de toros fue atacado con una bomba, lanzada por militantes cristeros. Más tarde se descubrió un complot para asesinar al caudillo.

El 15 de julio de 1928, pocos días después de ser proclamado presidente del periodo 1928-1932, Obregón llegó acompañado de su comitiva a la capital de la república en un tren custodiado por varios miembros del Estado Mayor presidencial. Mientras tanto, José de León Toral, joven capitalino miembro de la Acción Católica, había decidido, aparentemente en forma personal, matar a Obregón.

Entre la clase política se había difundido el rumor de un posible asesinato de Obregón, pero el presidente electo hizo caso omiso de las advertencias. La mañana del 17 de julio, Obregón fue invitado a comer por amigos políticos del estado de Guanajuato, en el restaurante *La Bombilla*, ubicado en San Ángel. León Toral acudió al lugar tras varios días de espiar a Obregón, y se hizo pasar por un dibujante. Hizo retratos al carbón a varios diputados, y finalmente llegó a Obregón, a quien también retrató. Cuando todos los comensales se descuidaron, Toral sacó su pistola y lanzó cinco disparos a Álvaro Obregón, quien cayó muerto al instante. El asesino fue rápidamente detenido y algunos policías intentaron matarle, pero el diputado Ricardo Topete le salvó arguyendo su importancia para esclarecer el crimen.

José Obregón Salido

Tras caer el gobierno de Díaz, y llegar los ímpetus revolucionarios a Sonora, José Obregón fue nombrado alcalde interino de Huatabampo, en junio de 1911. Una vez que se publicó la convocatoria para elecciones de alcalde constitucional, Álvaro Obregón resolvió presentarse como candidato. Durante el mandato de su hermano, Obregón desempeñó funciones administrativas que le permitieron rozarse con un gran número de gente y comenzó así su carrera política. Además, contaba con el apoyo de los jefes de la tribu yaqui, con quienes Obregón siempre mantuvo una relación de cordialidad y fueron clave en su desarrollo político. Se dice que se alió con *Chito*, el gobernador yaqui que movilizó a muchos de sus indios a votar por Obregón en las elecciones de septiembre. Pese al apoyo de los yaquis, la elección fue reñida y Obregón fue electo alcalde por un estrecho margen de votos, lo que ocasionó las protestas e impugnaciones de sus rivales. No obstante, entró en funciones a partir del mes de noviembre.

Antonio Villarreal (1879-1944)

Político y maestro nacido en lampazos, Nuevo León. Secretario de la Junta Organizadora del Partido Liberal Mexicano en San Luis, Missouri (1906). Fue apresado en varias ocasiones. Se levantó en armas en 1910. Madero lo nombró cónsul general en España. Fue comandante militar y gobernador de Nuevo León; presidió la Convención de Aguascalientes, fue secretario de Agricultura en el gobierno de Obregón. Participó en la rebelión delahuertista y en la escobarista (1929). Murió en la ciudad de México.

Adolfo Ruiz Cortines (1890-1973)

Nacido en Veracruz. En 1912 se trasladó a la ciudad de México, donde participó en la Revolución al lado de los constitucionalistas. Desempeñó varios cargos al lado del ingeniero Robles Domínguez y del general Heriberto Jara. Cuando salió Venustiano Carranza de la capital, en 1920, Ruiz Cortines tuvo a su cargo el tesoro, que después entregó al gobierno de Adolfo de la Huerta. Fue Oficial Mayor del Departamento Central (1935), diputado federal por Tuxpan (1937), tesorero del comité directivo de la campaña presidencial del general Manuel Ávila Camacho, secretario general del gobierno del Estado de Veracruz,

Oficial Mayor de la Secretaría de Gobernación (1940), gobernador de Veracruz (1944) y secretario de Gobernación (1948). Lanzó su candidatura presidencial en 1951 y tomó posesión de la presidencia el 1° de diciembre de 1952. Durante su administración se fundó el Patronato del Ahorro Nacional, se inauguró la Presa Falcón, se concedió el voto a la mujer, se impulsaron las carreteras y las vías ferroviarias, se devaluó el peso de 8.40 a12.50 por dólar y se construyó el Centro Médico Social. Fue un presidente discreto que se preocupó de obras pequeñas que favorecieran al pueblo, en lugar de grandes obras que atrajeran aplausos. Durante su gobierno se construyeron caminos y pequeñas obras de irrigación. Dejó el poder en 1958 y se retiró a la vida privada. Murió en Veracruz.

Rodolfo Sánchez Taboada (1885-1955)

Militar y político nacido en Tepeaca, Puebla. Participó en la Revolución del lado maderista y combatió al zapatismo. Gobernó el territorio norte de Baja California de 1937 a 1944. Inició las gestiones para la nacionalización del latifundio de la Colorado River Company. Fue presidente del Partido Nacional Revolucionario y secretario de Marina durante la presidencia de Adolfo Ruiz Cortines. Murió en la ciudad de México.

Plutarco Elías Calles (1877-1945)

Nació en Guaymas, Sonora. Su padre conocido por su alcoholismo y su irresponsabilidad, abandonó a su familia cuando

Plutarco tenía cuatro años de edad. Su madre murió en 1880, y a partir de entonces quedó a cargo de su tía materna, María Josefa Campuzano y de su esposo, Juan Bautista Calles, quien fungió como padre para él, dándole educación y encaminándolo al magisterio, que era una tradición en su familia. De él Plutarco adoptó el apellido Calles, hasta 1897, cuando se reencontró con su padre y decidió agregarse el apellido Elías.

En 1887, Calles estudió con el profesor Benigno López Serra, en la Academia de Profesores, en Hermosillo, con el propósito de convertirse en maestro de escuela. Se tituló en 1894 y comenzó su labor magisterial en el Colegio de Sonora. En esa época comienza a manifestar sus inquietudes políticas, principalmente por medio de la escritura, publicando artículos de tendencia socialista en las publicaciones *Siglo XX* y *Revista Escolar*. En 1897 regresa a Guaymas para trabajar en dos escuelas, pero es vencido por una tendencia al alcoholismo que pareciera haber heredado de su padre biológico y que influiría en la política antialcohólica que mantuvo siempre como gobernante.

Para 1899 logró vencer su adicción y contrajo matrimonio, únicamente por lo civil, con Natalia Chacón, comenzando después por la creación de la que sería una familia numerosa. Durante los dos años siguientes, Calles desempeñó sin éxito varios empleos; además de maestro fue tesorero municipal del puerto de Guaymas e inspector general de educación. Finalmente se vuelve administrador del "Hotel México", propiedad de su medio hermano, Arturo Elías, cargo que tuvo que dejar el 10 de enero de 1903, al incendiarse el edificio.

En 1911, Calles abre un comercio en Agua Prieta, donde distribuía semillas y toda clase de implementos agrícolas, con lo que comenzó a estabilizarse económicamente; pero en septiembre de ese mismo año, su padrino político, el gobernador José María Maytorena lo nombró comisario, que era un cargo lleno de responsabilidad y con atribuciones judiciales.

En 1912 comienza a participar activamente en política, en abierto apoyo al régimen revolucionario de Francisco I. Madero, y por primera vez toma las armas para combatir a los rebeldes capitaneados por Pascual Orozco. Ante el golpe de estado de Victoriano Huerta y el asesinato de Madero, Calles decide lanzarse a fondo a luchar por la recuperación de la democracia revolucionaria, por lo que instaló a su familia en Nogales y se dedicó al reclutamiento de voluntarios para formar una fuerza de combate. Comienza entonces a relacionarse con otros jefes revolucionarios, como Manuel M. Diéguez, Pedro F. Bracamontes, y Esteban Baca Calderón, con quienes firma el Plan de Nacozari, en el que se desconoce el gobierno espurio de Huerta y se incita a tomar las armas en su contra.

En febrero de 1913, el gobernador Maytorena pidió licencia de seis meses al Congreso estatal, para ausentarse de su cargo e ir a combatir a Huerta, pero de hecho no asumió las armas sino que marchó a los Estados Unidos para realizar negociaciones con el Secretario de Estado William Bryan en busca de apoyo para lograr ambiciones personales. Casi al final de su licencia, Maytorena regresó a Sonora y Venustiano Carranza lo autorizó para que en agosto reasumiera el cargo de gobernador; entonces Maytorena reclamó el mando militar y los jefes del movimiento se negaron a ello. Se reunieron en Cananea Ignacio Bonillas, Plutarco Elías Calles, Ignacio Pesqueira, Manuel M. Diéguez y un grupo de diputados locales para buscar la manera de impedir que Maytorena reasumiera la gubernatura.

La conspiración se hizo saber y Maytorena detuvo a Pesqueira, destituyó a Calles como jefe de armas en Nogales y a Bonillas como prefecto de Ramos Arizpe. Calles se negó a dejar su cargo, Bonillas y Pesqueira se exiliaron en los Estados Unidos. Diéguez fue reincorporado al ejército, pero subordinado al mando de Álvaro Obregón, quien había sido comisionado por Carranza para vigilar las acciones de Maytorena.

En 1914, Maytorena se alía con Francisco Villa y rompen relaciones con Venustiano Carranza, con lo que Calles tiene que tomar las armas en contra de los nuevos rebeldes. Distinguiéndose en el asedio de Nacozari por parte de las tropas de Maytorena.

El 4 de agosto de 1915, Carranza lo nombra gobernador interino de Sonora y comandante militar de Sinaloa, permaneciendo en esos cargos hasta el 16 de mayo de 1916. Durante los diez meses que duró su gestión, Calles se dedicó simultáneamente a gobernar y a combatir a los jefes yaquis de Maytorena.

En esta primera experiencia de gobierno, Calles descubrió y demostró ampliamente su talento como organizador político: hizo reformas a la educación, abrió escuelas en todos los pueblos con más de quinientos habitantes, obligó a las compañías mineras o industriales a instalar centros escolares, instaurar sistemas de becas, bibliotecas, escuelas normales y para adultos. También promovió una nueva legislatura civil y penal, hizo reformas a la agricultura, a las leyes laborales y a las reglamentaciones prácticamente en todos los órdenes de la vida social. Finalmente, cuando terminó su interinato y tuvo que ceder la gubernatura a Adolfo De la Huerta, Calles había dictado 56 decretos, emitiendo seis por mes.

Dentro de las acciones bélicas de Calles durante su gestión, se encuentra el rechazo de las tropas de Francisco Villa, quien, el 1° de noviembre de 1915 atacó Agua Prieta al mando de 18,000 hombres, pero Calles resistió con menos de la cuarta parte de soldados, utilizando las mismas técnicas que le habían permitido el triunfo en Nacozari: los soldados de Villa, que estaban orgullosos de ser impetuosos "centauros", se toparon con emplazamientos de minas, alambrados, fosas y trincheras dispuestas por las calles. Tras su derrota, días después, Villa tomó el pequeño poblado de San José de la Cueva y asesinó a todos los varones que lo habitaban, incluyendo al sacerdote de la iglesia.

El 25 de junio de 1917, Calles reasume la gubernatura de Sonora, ahora de manera constitucional, permaneciendo en el cargo hasta 1919, al ser nombrado ministro de Industria, Comercio y Trabajo durante la administración de Venustiano Carranza. En enero de 1920, Calles renunció a su puesto en el gabinete de Carranza para incorporarse a la campaña presidencial de Álvaro Obregón. Debido a las diferencias políticas entre Carranza y Obregón, en abril de 1920, el llamado "Grupo Sonora", integrado por Obregón, Calles y De la Huerta, proclaman el Plan de Agua Prieta, en el que desconocen a Carranza.

Con el fallecimiento de Carranza en Tlaxcalaltongo, Puebla, Calles ocupa el cargo de secretario de Guerra y Marina durante el interinato de Adolfo de la Huerta, y más tarde el de secretario de Gobernación en el gabinete del presidente Obregón.

Su cercanía con Obregón era tal que la gente decía que Calles era el brazo que Obregón había perdido en Celaya. Fue gracias a esta relación que sin mucho esfuerzo, aunque debió sofocar la rebelión de Adolfo de la Huerta y vencer a su único contrincante, Ángel Flores, que Calles ocupó la presidencia a los cuarenta y siete años de edad, tomando posesión el 1° de diciembre de 1924, en el Estadio Nacional, en una ceremonia a la que asistieron más de cuarenta mil personas.

Con Calles se termina la fase armada de la Revolución y comienza la institucionalización de la misma, a pesar de que el gobierno tuvo que enfrentar la famosa "Cristiada", que bien podría considerarse una contrarrevolución, por lo que es un esfuerzo de "reacción" y no de cambio evolutivo.

Al ser asesinado Obregón por José de León Toral, Calles pronunció un discurso en el cual dio por terminada la era de los caudillos y se iniciaba la etapa institucional. Él dejó la presidencia el 30 de noviembre de 1928, pero continuó como "el hombre fuerte" en el poder tras bambalinas hasta 1934. En 1929 fundó el Partido Nacional Revolucionario (PNR). Nombrado Secretario de Guerra y Marina, combatió la rebelión escobarista. Se le llegó a reconocer como el "Jefe máximo de la Revolución" y de ahí que al periodo histórico caracterizado por su influencia se le llame "maximato". Él influyó directamente en el nombramiento de los presidentes Portes Gil, Ortiz Rubio, Rodríguez y Cárdenas. En 1936, Cárdenas logró dar fin a la ingerencia de Calles en la política nacional y, a pesar de su poder, logró desterrarlo. Se estableció en Los Ángeles, California y no regresó a México hasta 1941. Murió en la ciudad de México.

Lázaro Cárdenas del Río (1895-1970)

Nacido en Jiquilpan, Michoacán, egresó de la escuela primaria de su pueblo a los 14 años de edad. Huérfano de padre trabajó en una imprenta. Se unió a la Revolución en Apatzingán en 1913. En 1918 fue enviado a someter a los indios yaquis y acompañó al general Calles en las campañas de Michoacán y Nayarit, contra el rebelde José Inés Chávez García. En la Convención de Aguascalientes se unió a los villistas, pero después de la derrota de Celaya cambió de bando. Secundó el Plan de Agua Prieta levantándose en armas en Veracruz. Fue designado gobernador de Michoacán en 1920. Al estallar la rebelión delahuertista, Cárdenas tuvo que enfrentarse a las tropas del general Enrique Estrada, pero fue derrotado y herido. En 1931 ocupó la Secretaría de Gobernación en el gabinete de Pascual Ortiz Rubio, y luego la Secretaría de Guerra y Marina. El 15 de enero de 1933 fue postulado oficialmente por la convención del PNR en Querétaro a la presidencia de la República, tomando posesión de su cargo el primero de diciembre de 1934. Después de unos meses de grave conflicto frente a la autoridad de Calles, en julio de 1935 lo obligó a abandonar el país junto con sus colaboradores cercanos, logrando resolver una crisis política de gran magnitud sin recurrir a la violencia. Cárdenas trató de dar salida a algunas de las metas revolucionarias e impulsó la reforma agraria y la educación rural. Tuvo que hacer frente a los problemas difíciles que creó la imposición de la educación socialista. Durante su administración se creó el Departamento de Asuntos Indígenas y se nacionalizaron los ferrocarriles, cuya administración fue entregada a los obreros. El 18 de marzo de 1938, después de un largo y angustioso enfrentamiento, el presidente Cárdenas expropió la industria petrolera. Ese mismo año enfrentó la frustrada rebelión del general Saturnino Cedillo. Dejó la presidencia el 1° de diciembre de 1940, en manos de Manuel Ávila Camacho; dos años más tarde reapareció como ministro de la Defensa Nacional. En 1945 se retiró de la vida política. Murió en la ciudad de México.

Hombres de ideas

Vito Alessio Robles (1879-1924)

Ingeniero e historiador nacido en Saltillo, Coahuila. Estudió en el Colegio Militar la carrera de ingeniería. Fue oficial del ejército federal y combatió contra los invasores americanos y los maderistas. Al triunfo de la Revolución desempeñó varios cargos públicos. Combatió a Calles y, ante el intento de reelegirse, también a Obregón. En 1929 fue obligado a exiliarse y se estableció en Austin, Texas, donde se dedicó a la investigación histórica. Colaboró en varios diarios de la capital. Dirigió *El Demócrata* y *El Heraldo de México*. Entre sus principales obras se encuentran *Biografía de Coahuila* (1927); *Aculco* (1932); *Desfile sangriento* (1936); *Los tratados de Bucareli* (1937) y *Mis andanzas con nuestro Ulises* (1938). Murió en la ciudad de México.

Luis Cabrera (1876-1954)

Abogado y escritor nacido en Zacatlán, Puebla. Estudió la carrera de abogado en la Escuela Nacional de Jurisprudencia y se recibió en 1901. Fue partidario del maderismo y, en 1913, se afilió al constitucionalismo. En 1915 Carranza lo nombró Secretario de Hacienda. Fue autor del primer proyecto de reforma agraria. Desempeñó varios cargos públicos hasta que, en 1933, rehusó la candidatura a la candidatura presidencial que le ofreció el Partido Antirreleccionista. Escribió artículos sobre economía, política y sociología que se volvieron clásicos por su ironía. Es autor de *Herencia de la Revolución, veinte años después* y *Musa Peregrina*.

Antonio Caso (1883-1946)

Filósofo nacido en la ciudad de México, Hizo sus estudios en la Escuela Nacional de Jurisprudencia. Al lado de Alfonso Reyes, Pedro Henríquez Ureña, José Vasconcelos y Carlos González Peña fue fundador de la revista *Savia Moderna*, que fue el germen del famoso *Ateneo de la Juventud* (1909-1910), que fue un hito para la renovación de las ideas en México. Director de la Escuela Nacional Preparatoria, primer Secretario de la Universidad Nacional, fundada por Justo Sierra en 1910; Rector de la misma universidad de 1921 a 1923; director de la Facultad de Filosofía y Letras (1930-1932). Maestro de toda la nueva generación de pensadores que inauguraron los llamados "siete sabios", y que definirían el tono de la cultura post revolucionaria de México. Defendió la autonomía universitaria y la libertad de cátedra durante los años de la educación socialista. Miembro de la Academia Mexicana de la Lengua y del Colegio Nacional. Entre sus obras destacan: *Problemas filosóficos* (1915); *La filosofía de la Institución* (1915); *Filósofos y doctrinas morales* (1915); *La existencia como economía, como desinterés, como caridad* (1916); *El concepto de la Historia Universal en la filosofía de los valores* (1923); *El acto ideatorio* (1934); y *Filósofos y moralistas franceses* (1943). Murió en la ciudad de México.

Francisco Castillo Nájera (1886-1954)

Escritor nacido en Durango. Estudió la carrera de medicina en México, se especializó en ciencias sociales en París y Bruselas. En 1915 se unió al movimiento revolucionario como médico del ejército. Tomó parte en las campañas contra los zapatistas y villistas. Fue director del Hospital Juárez de la ciudad de México en 1918; jefe del Consejo Médico Legal del Distrito Federal (1919-1921), y del Departamento de Salubridad Pública en 1932. Desempeñó el cargo de Ministro Plenipotenciario de México en varios países y fue embajador de México en los Estados Unidos, de 1935 a 1945. Es autor no sólo de estudios legales, sino de poesías y trabajos de filología. Murió en la ciudad de México.

Alfonso Cravioto (1883-1955)

Abogado, político y escritor nacido en Pachuca, Hidalgo. Estudió en el Instituto Científico y Literario de su lugar natal. Se recibió de abogado en la Escuela Nacional de Jurisprudencia, en 1907. Fundó, junto con Luis Castillo Ledón la revista *Savia Moderna*. Fue miembro de Ateneo de la Juventud; secretario del Ayuntamiento de México; Director General de Bellas Artes; Oficial Mayor; Subsecretario Constituyente (1916-17); Diputado Federal; presidente del Senado (1921). Representante de México en Holanda; embajador en Cuba, Guatemala, Bolivia y otros países. Entre sus obras figuran: *Eugenio Carriére* (1916); *Germain Gedovius* (1916); *El alma nueva de las cosas viejas* (1921) y *Aventuras intelectuales a través de los números.*(1938). Murió en la ciudad de México.

Isidro Fabela (1882-1964)

Maestro y escritor nacido en Atlacomulco, Estado de México. Se recibió de abogado en México el año de 1908. Fue maestro de Historia de México y del Comercio en el Instituto Nacional (1911-1913); de Literatura e Historia de México en el Instituto Literario de Chihuahua (1912-1913); de Derecho Internacional Público en la Escuela de Jurisprudencia de México (1921); Secretario de Relaciones Exteriores de Venustiano Carranza (1914); representante diplomático en Francia, Inglaterra, España, Argentina, Chile, Uruguay, Brasil y Alemania (1915-1920). Fue también miembro de la comisión de reclamaciones México-Italia (1929-1933); embajador ante la Sociedad de las Naciones (1937-1940); miembro de la Corte Parlamentaria de Arbitraje de La Haya (1938); gobernador del Estado de México (1942-1945) y juez de la Corte Internacional de Justicia (1946-1952);

doctor Honoris Causa de la UNAM. Donó su casa El Risco, en San Ángel, a la nación, donde se encuentra su biblioteca y una colección de pintura. Autor de *Las tristezas de un amo* (cuentos, 1911); *Los precursores de la democracia mexicana* (1926); *Neutralidad. Estudio histórico, jurídico y político. La Sociedad de las Naciones y el continente americano ante la guerra, 1939-1940* (1940). *Por un mundo libre* (1943); *Intervención* (1959); *Maestros y amigos* (1962). Murió en la ciudad de México.

Nemesio García Naranjo (1883-1962)

Abogado y escritor nacido en Lampazos, Nuevo León. Comenzó a escribir en 1900. Fue bibliotecario y secretario del Museo Nacional de Arqueología, Historia y Etnología. Fue diputado al Congreso de la Unión durante la presidencia de Madero; ministro de Instrucción Pública en el gobierno de Victoriano Huerta. Dirigió *La Tribuna*, fundó la *Revista Mexicana* en San Antonio, Texas. Fue miembro de la Academia de la Lengua y de la Academia de Legislación y Jurisprudencia; Doctor Honoris Causa de la Universidad de Guadalajara. Entre sus obras más importantes están sus *Memorias* y la comedia *El vendedor de muñecas*.

Martín Luis Guzmán (1887-1976)

Novelista nacido en Chihuahua. A los catorce años fundó el periódico quincenal *Juventud*. En 1908 ya era miembro de la redacción del *Imparcial*. Formó parte del grupo llamado El Ateneo de la Juventud. En 1913 fundó el *Honor Nacional*, periódico antihuertista. En Culiacán se adhirió a las fuerzas revolucionarias de Ramón Iturbide y después pasó a las órdenes de Villa, a quien sirvió como secretario. Fue encarcelado por dificultades con Venustiano Carranza y liberado por la Convención, que lo nombró Secretario de la Universidad, director de la biblioteca, director de la Biblioteca Nacional y coronel del ejército. En 1915, exiliado en España al triunfo de Carranza, publicó *La querella de México*. Después vivió en los Estados Unidos, de 1916 a 1920. De regreso al país dirigió la sección editorial de *El Heraldo de México*. Ejerció algunos cargos públicos, hasta que volvió a salir a España por dificultades políticas, donde permaneció hasta 1936. Entre sus novelas más conocidas se encuentran *El águila y la serpiente* (1929), *La sombra del caudillo* (1931), *Las memorias de Pancho Villa* (1938). Fundó y dirigió la revista *Tiempo*. El presidente López Mateos lo nombró Presidente de la Comisión del libro de Texto Gratuito, cargo que ocupó de 1959 hasta su muerte. Obtuvo el Premio Nacional de Literatura y el Premio Literario Manuel Ávila Camacho.

Fernando Iglesias Calderón (1856-1942)

Historiador nacido en la ciudad de México. Hijo del político José María Iglesias, de quien heredó la actitud de oposición al régimen de Porfirio Díaz. Tuvo importantes cargos políticos: presidente del Partido Liberal, de 1912 a 1925; comisionado de México en Washington, miembro de la Comisión de Reclamaciones México-Alemania. En artículos periodísticos acusó directamente a Huerta de la muerte de Madero y Pino Suárez, por lo cual estuvo preso en el Castillo de San Juan de Ulúa. Sus escritos se publicaron en *Rectificaciones históricas*.

Heriberto Jara Corona (1879-1968)

Militar y político nacido en Orizaba, Veracruz. Se adhirió al Partido Liberal Mexicano a los 19 años para luchar contra la dictadura de Porfirio Díaz. Estuvo con Madero en 1910. Ocupó importantes cargos políticos, como Diputado del Congreso Constituyente (1917-1917); participó en la redacción de la Constitución de 1917 dentro del bloque de diputados de izquierda. Ministro de México en Cuba, de 1917 a 1920; senador de la República (1920-1927). Fue presidente del partido de la Revolución Mexicana. Recibió el premio Stalin de la Paz en 1951 y el premio Belisario Domínguez, en 1959. Tuvo una actuación brillante en el Congreso Constituyente de 1917, pues logró incorporar los postulados sociales a los artículos 3°, 27 y 123. murió en la ciudad de México.

Pedro Lascuráin Paredes (1856-1952)

Nacido en la ciudad de México. Fue secretario de Relaciones Exteriores del presidente Madero. Por ley, con la muerte de éste le correspondió la presidencia, misma que ocupó durante cincuenta y cinco minutos, los suficientes para que Huerta fuese nombrado Secretario de Gobernación y Lascuráin pudiera renunciar a su favor. Fue autor de estudios sobre derecho civil.

José López Portillo y Weber (1889-?)

Historiador nacido en Guadalajara, Jalisco. Estudió en el Colegio Militar. Fue miembro de la Academia Mexicana de la Historia. Acompañó a Madero de Chapultepec a Palacio al inicio de la Decena Trágica y colaboró con el gobierno de Victoriano Huerta. Sus principales obras fueron: *Génesis de los signos de las letras, La conquista de la Nueva Galicia, Dinámica histórica de México, La Gran Tenochtitlán, Historia del petróleo* y *Cristóbal de Oñate.*

José María Lozano (1878-1933)

Orador nacido en San Miguel el Alto, Jalisco. Estudió en la Escuela Nacional de Jurisprudencia. Miembro del grupo de intelectuales denominado La Horda. Fue agente del Ministerio Público y diputado federal en la XXVI Legislatura; formó parte del grupo parlamentario El Cuadrilátero. Durante la administración de Huerta fue ministro de Instrucción Pública, Comunicaciones y Obras Públicas. Al triunfo de la Revolución

Constitucionalista fue exiliado en La Habana. Murió en la ciudad de México.

José Mancisidor (1895-1956)

Militar, escritor e historiador nacido en Veracruz. Estudió en la Escuela Militar de Maestranza. Luchó contra las fuerzas norteamericanas en 1914 y fue miembro del ejército constitucionalista, donde alcanzó el grado de mayor, en 1916. Opuesto al delahuertismo, organizó guerrillas de campesinos (1923-1934). Desde 1930 se dedicó a dar clases como profesor de la Escuela Normal Superior de México. Fue fundador y presidente de la Liga de Escritores y Artistas Revolucionarios, de la Sociedad de Amigos de la URSS y del Instituto Cultural Mexicano-Ruso. Colaboró en algunos periódicos de su estado y de la capital. Entre sus obras se encuentran la antología *Cuentos mexicanos del siglo XIX* y *Cuentos mexicanos de autores contemporáneos*, escribió ensayos sobre Zolá y Marx, y las novelas *La asonada* (1931), *La ciudad roja* (1932), *Frontera junto al mar* (1953) y *Alva en las simas* (1953). Su *Historia de la Revolución Mexicana* alcanzó un gran éxito.

Manuel Márquez Sterling (1872-1934)

Periodista y diplomático nacido en Lima, Perú. A los catorce años fundó la revista *El Estudiante*. Se inició en el periodismo en la redacción de *El Camagüeyeno*. En Mérida, Yucatán, colaboró en los periódicos *El Eco del Comercio* y *La revista de Yucatán*. Representó a Cuba en México (1913). Al ser aprehendido Madero hizo todo lo posible por salvarle la vida, y una vez muerto acompañó a su familia hasta La Habana y rehusó seguir representando a su país durante el régimen de Victoriano Huerta. Escribió *Los últimos días del presidente Madero*, obra que ha sido una de las mejores fuentes para conocer los acontecimientos de 1913. Representó nuevamente a Cuba en México de 1929 a 1932. Murió en Washington, D. C., Estados Unidos.

Filomeno Mata (1845-1911)

Periodista nacido en la hacienda de Carranco, San Luis Potosí. Empezó su carrera periodística colaborando en varios diarios. Fundó en la ciudad de México el *Sufragio Libre*, *El Cascabel*, *La Hola Eléctrica*, *El Monitor Republicano*, *Anuario Universal* y el *Diario del Hogar*, la más significativa tribuna contra el porfirismo: a causa de sus expresiones sufrió varios encarcelamientos. Murió en el puerto de Veracruz.

Manuel Mestre Ghighliazza (1870-1954)

Historiador nacido en Villahermosa, Tabasco. Estudió en el Instituto Campechano y se recibió de médico en la Ciudad de México. Volvió a su Estado en 1904, donde se dedicó a las letras y a la política. Gobernador interino de Tabasco, renunció para hacer campaña al gobierno constitucional y ocupó el puesto del 1° de diciembre de 1911 al 28 de abril de 1913. Colaboró en varios periódicos y revistas de la capital, donde sus trabajos quedaron dispersos, principalmente su estudio sobre *La Intervención Francesa y el Imperio de Maximiliano*. Murió en la ciudad de México.

Querido Moheno (1874-1933)

Periodista nacido en Pichucalco, Chiapas. Estudió la carrera de abogado en la Escuela Nacional de Jurisprudencia. Desde joven se dedicó al periodismo político. Estuvo en contra del gobierno de Francisco I. Madero. Fue diputado al Congreso de la Unión durante el mandato de Victoriano Huerta y formó parte del llamado Cuadrilátero. Fue subsecretario y secretario de Relaciones Exteriores. Creó la Secretaría de Industria, Comercio y Trabajo y fue presidente de la Comisión de Hacienda y Crédito Público, además de gobernador de Chiapas. Entre sus obras se cuentan. *¿Hacia dónde vamos? Bosquejo de un cuadro de instituciones políticas adecuadas al pueblo mexicano* (1908), *Mi actuación en la Decena trágica* (1913), *Mis últimos discursos* (1923), *Procesos célebres, Nydia Camargo Rubín. Discurso en defensa de la acusada* (1925), *Ironías y tristezas* (1932). Murió en la ciudad de México.

Luis Mora Tovar (1895-1943)

Escritor y político nacido en Tanhuato, Michoacán. Estudió en el Seminario Conciliar de Morelia. Se incorporó a la Revolución. Fue fundador de la Procuraduría de Pueblos en la República y sirvió en varios cargos en la administración pública. Durante el régimen de Lázaro Cárdenas libró numerosas batallas como jefe del ala izquierda. En 1928 fundó el periódico *La Lucha* en Morelia, de tendencia socialista. Su obra poética incluye: *Esmeralda, Fontana azul, Prosas para la bien amada* y *La caída del símbolo*. Cultivó también el ensayo: *La Revolución y el magisterio y Los motivos de Judas*.

Ignacio Muñoz (1892-1965)

Historiador nacido en la ciudad de México. Estudió en la Escuela Naval de Veracruz. Fue partidario de Francisco I. Madero. Fundó *Cronos* y otros periódicos. Luchó contra el gobierno del general Huerta. Fue uno de los fundadores del Sindicato Nacional de Redactores. Escribió: *Porfirio Díaz contra los Estados Unidos* (1925); *Guía completa de la Ciudad de México y Valle de México* (1927); *La tragedia del petróleo* (1938); *Vida de Heraclio Bernal. Verdad y mito de la Revolución Mexicana* (1961).

Félix Palavicini (1881-1952)

Ingeniero y escritor nacido en Teapa, Tabasco. Se dedicó al periodismo y a la política. En Tabasco fundó *El precursor*, y en México *El Partido Republicano*. Fue maderista; al triunfar el constitucionalismo fue nombrado ministro de Instrucción Pública. Fundó el periódico *El Universal* en 1916, luego *El Globo* y *El Día*. Entre sus obras están: *Historia de la Constitución de 1917* y *Los Irredentos*. Murió en la ciudad de México.

Manuel de la Parra (1878-1930)

Poeta nacido en Sombrerete, Zacatecas. Formó parte del *Ateneo de la Juventud*. Colaboró en las publicaciones *Savia Moderna, Revista Moderna, Argos, El Mundo Ilustrado* y en el diario *El Nacional*. En 1914 publicó un volumen de poesía titulado *Visiones Lejanas* y en 1922 la novela *En las ruinas*. Murió en la ciudad de México.

Carlos Pereyra (1871-1942)

Historiador y escritor nacido en Saltillo, Coahuila. En 1892 fundó el diario *El Pueblo Coahuilense*, de clara tendencia oposicionista, por lo que rápidamente fue clausurado. En 1897, en Monterrey, dirigió el diario *El espectador*. Ejerció cargos diplomáticos y lo sorprendió la revolución en Madrid. Regresó a México y colaboró con Victoriano Huerta; después de la derrota de éste se exilió en España, conde continuó con su trabajo de historiador. Entre sus obras se cuentan: *El mito de Monroe: Cuestiones públicas europeas y americanas; descubrimiento y exploración del Nuevo Mundo; Tejas, la primera desmembración de México; Humboldt en América; Las huellas de los conquistadores* e *Historia de América*. Murió en Madrid, España.

Emilio Rabasa (1856-1930)

Novelista y jurista nacido en Ocozocoautla, Chiapas. Empezó su carrera política como diputado local de Chiapas (1881) y director del Instituto del Estado (1882). En Oaxaca fue juez civil, secretario del gobernador Mier y Terán y diputado local. Fue después gobernador de Chiapas y senador de la República. En 1914 representó al gobierno mexicano en las conferencias de Niagara Falls, y a partir de esa fecha radicó durante seis años en Nueva York. Excelente jurista, se le considera un profundo conocedor del derecho constitucional mexicano de su tiempo. Fue miembro de las academias mexicanas de la Lengua y de Jurisprudencia. Escribió los siguientes libros: *La gran ciencia* (1887); *El cuarto poder* (1888); *Moneda falsa* (1888); *La evolución política de México* (1920); *La libertad de trabajo* (1922), y *La guerra de tres años* (1931).

Alfonso Reyes (1889-1959)

Escritor nacido en Monterrey, Nuevo León. Hijo del general Alfonso Reyes, muerto durante la Decena Trágica. Se recibió de abogado en 1913. Fundó la cátedra de Historia de la Lengua y Literatura Española en la Facultad de Altos Estudios de la Universidad Nacional Autónoma de México. Formó parte del *Ateneo de la Juventud* y de la Academia Mexicana de la Lengua. Ingresó en el cuerpo diplomático y representó a México en España y Francia. Miembro del Colegio Nacional, en 1945 obtuvo el Premio Nacional de Literatura en México y fue candidato al Premio Nobel de Literatura. Cofundador de la Casa de España en México y de El Colegio de México, presidió ambas instituciones. Publicó *Cuestiones estéticas* (1911); *Visión de Anáhuac* (1917); *Simpatías y diferencias* (1921); *La experiencia literaria* (1942); *El deslinde* (1944) y *La X en la frente* (1952). Es considerado uno de los mejores prosistas en castellano. El Fondo de Cultura Económica ha venido publicando sus *Obras completas* desde 1945. Murió en la ciudad de México.

Luis Manuel Rojas (1871-1949)

Político nacido en Ahualulco, Jalisco. No aceptó como diputado las renuncias del presidente Madero y del vicepresidente Pino Suárez, y a la muerte de éstos acusó al embajador Henry Lane Wilson de responsabilidad en esos asesinatos. Años después concreta esa idea en sus libros: *México pide justicia. ¡Yo acuso al embajador Lane Wilson!* y *La culpa de Henry Lane Wilson en el gran desastre de México*. Ocupó cargos públicos diversos; fue director de *El Universal* y fundador de la *Revista de Revistas*. Murió en la ciudad de México.

Victoriano Salado Álvarez (1867-1931)

Escritor nacido en Teocatliche, Jalisco. Se recibió de abogado en 1890. Desempeñó cargos judiciales y colaboró en la prensa local. Perteneció a la Academia de la Lengua. Colaboró en *El Imparcial* y en *El mundo ilustrado* cuando residió en la ciudad de México. Fue senador y diputado. Representó a México en la Conferencia Panamericana. Fue embajador bajo Carranza, hasta que, en 1915, rompió con él y se retiró a trabajar en el extranjero. En los últimos años de su vida colaboró en los más importantes periódicos de México. De sus obras, las más importantes son trece tomos de los *Episodios Nacionales*, novela histórica que abarca desde fines del santanismo hasta la caída del Imperio. Escribió, además, *De mi cosecha* y *De autos*, novelas; *Minucias del lenguaje, Rocalla de la historia, Cuentos y Narraciones; La conjura de Aarón Burr; La vida azarosa y romántica de Carlos María Bustamante*. Murió en la ciudad de México. Sus *Memorias* fueron publicadas póstumamente.

Juan Sánchez Azcona (1876-1938)

Revolucionario nacido en la ciudad de México. Cuando estudiaba en París conoció a Francisco I. Madero. En México se dedicó al periodismo y escribió en *El Imparcial, El Partido Liberal, El Nacional, El Diario* y *El Diario de la Tarde*. Era diputado federal (1904-1908) cuando se le acusó de publicar secretos oficiales, cargo del que fue absuelto. Tomó parte activa en la candidatura de Madero y en la redacción del Plan de San Luis. En San Antonio, Texas, actuó como agente confidencial de Madero en Washington y fue aprehendido a instancias de las autoridades porfiristas, aunque el gobierno de Estados Unidos negó su extradición. Llegó a la ciudad de México con Madero y fue elegido diputado al Congreso de la Unión. A la muerte de Madero fue llevado ante Victoriano Huerta, quien le ofreció un ministerio. Sánchez Azcona aceptó con la condición de hacer antes un viaje a Europa; así fue como logró escaparse de la presión del usurpador y se instaló en La Habana, donde estableció una Junta Revolucionaria; después se trasladó a Nueva Orleáns y logró llegar a Piedras Negras, Coahuila, donde se unió a las fuerzas de Carranza. En 1914 salió a Europa como representante del constitucionalismo. Regresó en 1916, para intervenir en el proyecto de Constitución en 1917. Ese mismo año fue nombrado ministro de México en Francia, España, Bélgica, Portugal e Italia y continuó la vida diplomática hasta 1925, cuando volvió al periodismo. Estuvo de nuevo exiliado en La Habana por su participación en la campaña presidencial del general Arnulfo R. Gómez. Fue patrono de una institución de beneficencia los últimos días de su vida.

Manuel Sánchez Mármol (1839-1912)

Periodista y novelista nacido en Cunduacán, Tabasco. Fundó los periódicos *La Guirnalda, La Burla, El Águila Azteca* y *El Radical*. Con Alonso de Regil publicó el libro *Poetas yucatecos y tabasqueños* (1861). Fue diputado por Tabasco varias veces. Miembro de la Academia Mexicana de la Lengua en 1906. Escribió *Juanita Souza* (1892), *Antón Pérez* (1903), *Providencia* (1906), *El misionero en la cruz, Pocahontas* y *Letras Patrias*. Murió en la ciudad de México.

Francisco Javier Santa María (1886-1963)

Filólogo y político nacido en Cacaos, Tabasco. Fue gobernador de su Estado de 1946 a 1952. Miembro de la Academia Mexicana de la Lengua. Único sobreviviente de los fusilamientos de Huitzilac, escribió sus experiencias en su libro *Escapatoria célebre de la tragedia de Cuernavaca*. Además publicó *Americanismo y barbarismo* (1921), *Las ruinas occidentales del viejo imperio maya. Notas de una excursión* (1933), *La poesía tabasqueña* (1940), *Diccionario de mexicanismos* (1959).

Justo Sierra Méndez (1848-1912)

Escritor nacido en la ciudad de Campeche. Se tituló de abogado en 1871. Diputado al congreso de la Unión, magistrado de la Suprema Corte de Justicia, subsecretario y ministro de Instrucción Pública y Bellas Artes. Su labor educativa es tan amplia que es difícil de resumir. En los Congresos Nacionales de Instrucción Pública (1889-1891) comenzó a destacarse por sus claras ideas sobre las necesidades educativas del país. Profesor, autor de textos y funcionario, fue creador de un ministerio autónomo de Educación Pública. En 1910 fundó la Universidad Nacional. Fue periodista, escribió sobre historia y sobre educación, poesía, novela. Entre sus numerosas obras se encuentran: *Cuentos Románticos, El ángel del porvenir, En tierra Yankee, El Beato Calasanz, Playera* y *Evolución política del pueblo mexicano*, entre muchos otros. La UNAM editó sus *Obras completas* en 1948. Murió en España, siendo ministro plenipotenciario.

Mariano Silva y Aceves (1887-1937)

Escritor y filólogo nacido en La Piedad de Cabadas, Michoacán. Estuvo relacionado con el Ateneo de la Juventud. Fue director de la Facultad de Filosofía y Letras y rector de la Universidad Nacional de México. En 1921 fundó la Escuela de Verano para Extranjeros y en 1933 el Instituto de Investigaciones Lingüísticas de la Universidad. Entre sus obras se encuentran *Arquilla de marfil* (1916), *Cara de virgen* (1919), *Anímula* (1920), *Muñecos de cuerda* (1936) y dos obras de teatro: *Entremés de las esquilas* y *Entremés de China*. Murió en la ciudad de México.

Francisco Urquizo Benavides (1891-1969)

Militar y escritor nacido en San Pedro de las Colonias, Coahuila. Se adhirió al movimiento revolucionario como soldado raso en 1911; posteriormente se unió a las fuerzas de Carranza y organizó la brigada Supremos Poderes, que más tarde se convirtió en División (1913). Fue secretario de Guerra y Marina. En 1920 fue apresado en Tlaxcalaltongo cuando acompañaba a Carranza. Estuvo durante algunos años en Europa y a su regreso desempeñó varios cargos públicos. Recibió la medalla Belisario Domínguez. Colaboró en varios diarios como *El Universal Ilustrado, Mañana, Tópicos, El Legionario, El Nacional,* y otros.

Junto con Mariano Azuela, Mauricio Magdaleno, Martín Luis Guzmán y José Vasconcelos, fue uno de los principales autores de la llamada *Novela de la Revolución,* que consiste en el relato literario de los episodios de esa lucha armada. Fue comandante de la Legión de Honor Mexicana, miembro de la Sociedad Mexicana de Geografía y Estadística, fundador del Instituto de Estudios Históricos de la Revolución Mexicana y en 1967 recibió la Medalla Belisario Domínguez del Senado de la República. Sus restos se encuentran depositados en la Rotonda de los Hombres Ilustres en la ciudad de México. Algunas de sus principales obras son: *Tropa vieja; Memorias de campaña* y *¡Viva Madero!*

Jesús Urueta (1867-1920)

Político y orador nacido en Chihuahua. Estudió jurisprudencia en la ciudad de México. Se le llamó "El príncipe de la palabra" por sus dotes de orador. Fuel el miembro más notable del grupo que formaba la *Revista moderna*. Miembro del partido Reyista, maestro de la Escuela Nacional Preparatoria, Secretario de Relaciones Exteriores y ministro plenipotenciario en Buenos Aires; escribió: *Fresca* (1903), *Alma poesía* (1904), *Pasquinadas y desenfados políticos* (1930), y *Discursos literarios* (1919).

Artemio del Valle-Arizpe (1888-1961)

Escritor y abogado nacido en Saltillo, Coahuila. Estudió en el Ateneo Fuente de su ciudad natal y derecho en la Escuela Nacional de Jurisprudencia y en la de San Luis Potosí, donde se recibió de abogado, carrera que nunca ejerció. Fue diputado al congreso de la Unión por Chiapas. Estuvo en el Servicio Exterior, como segundo secretario de las legaciones en Madrid y Bruselas (1919-1922). Fue secretario de la Facultad de Filosofía y Letras (1934), miembro de la Academia de la Lengua y cronista de la ciudad de México (1942), a la muerte de Luis González Obregón. Legó su biblioteca a la Universidad de Saltillo y escribió 57 obras y cientos de artículos en el periódico *El Universal*. Entre sus obras destacan: *La ciudad de México a través de sus cronistas*, *La vieja calzada de Tlalpan*, *El Palacio Nacional*, *Notas de Platería*, *Virreyes y virreinas de la Nueva España*, *Crónicas del Virreinato* y *El Canillitas*.

Fulgencio Vargas (1875-1962)

Historiador nacido en Jaral del Progreso, Guanajuato. Realizó sus estudios en el Colegio del Estado y dedicó su vida a la docencia. Fue miembro de la Sociedad Mexicana de Geografía y Estadística, de la Academia Nacional de Ciencias Antonio Alzate, de la Academia de Historia y presidente del Congreso de su Estado. Sus obras: *La insurrección de 1810 en el Estado de Gua-*

najuato (1910), *Flores del Centenario* (1910); *Yuriapúndaro* (1923); *Fray Bartolomé de las Casas. Su vida y su obra* (1932); *Apasco* (1933); *Historia elemental de Guanajuato* (1938); *Proceso histórico de la metrópoli guanajuatense* (1948); *Granaditas y su proceso histórico* (1951).

José Vasconcelos (1881-1959)

José María Albino Vasconcelos Calderón nació en la ciudad de Oaxaca el 28 de febrero de 1882. Fue el segundo de los nueve hijos que procrearon Ignacio Vasconcelos Varela y Carmen Calderón Conde. Particularmente importante para su desarrollo personal fue la oportunidad que tuvo de realizar estudios de educación primaria en escuelas ubicadas en la frontera entre los Estados Unidos y México, especialmente en la frontera entre Eagle Pass en Texas y Piedras Negras, Coahuila. Cuando su familia tuvo que trasladarse a Campeche siguió su educación en el Instituto Campechano. Cuando la familia fue a vivir a Toluca se le inscribió en el Instituto Científico de Toluca. Luego de la prematura muerte de su madre, ingresó en la Escuela Nacional Preparatoria y posteriormente en la Escuela Nacional de Jurisprudencia, donde obtuvo el título de licenciado en derecho en 1907.

A los dos años de haber concluido sus estudios, Vasconcelos participa con otros jóvenes mexicanos críticos de los excesos de la educación positivista impuesta por Justo Sierra, ministro de Instrucción Pública del gobierno de Porfirio Díaz, en la fundación del Ateneo de la Juventud Mexicana, más adelante conocido como el Ateneo de México. Lo novedoso del Ateneo radica, sin embargo, no en su disposición a criticar los excesos del porfiriato, sino en la calidad de las críticas adelantadas por la generación de jóvenes intelectuales que le dieron vida. La más importante de ellas tiene que ver con el rechazo del determinismo y mecanicismo del positivismo de Comte y Spencer y el llamado para que se dotara a la educación de una visión más amplia, que rechazara el determinismo biológico del racismo y que encontrara una solución al problema de los costos de los ajustes sociales generados por grandes procesos de cambio como la industrialización o la concentración urbana.

Aunado a ello, frente a la posición oficial de Sierra y los funcionarios del porfiriato, llamados "científicos" de manera despectiva en el habla popular mexicana, de promover una visión única del pensamiento filosófico (positivista y determinista), Vasconcelos y la generación del Ateneo proponían la libertad de cátedra, la libertad de pensamiento y, sobre todo, la reafirmación de los valores culturales, éticos y estéticos en los que América Latina emergió como realidad social y política. Aquí es importante destacar que una de las características del porfiriato, para algunos el lado oscuro de éste, es justamente un cierto desdén por lo nacional mexicano, su fascinación con lo europeo, lo francés, lo alemán o, si nada de esto era posible, con lo estadounidense, como alternativa viable para alcanzar el progreso.

Vasconcelos y la generación del Ateneo sientan las bases para una ambiciosa recuperación de lo nacional mexicano y de lo latinoamericano como una identidad que, además de real, fuera viable en el futuro, y sobre todo que no dependiera de lo extranjero para un progreso sostenido, como de hecho ocurrió con el modelo económico del porfiriato y otros experimentos latinoamericanos similares.

En 1909, invitado por el propio Madero, se unió a su campaña presidencial. Gracias a su dominio del inglés, representó al entonces Club Antirreleccionista ante el gobierno de Estados Unidos. Un año después, el Club se convirtió en el Partido Nacional Antirreleccionista, con Madero como candidato presidencial y Pino Suárez como candidato a la vicepresidencia. Madero y Pino Suárez se enfrentaron a Porfirio Díaz y a Ramón Corral en la muy debatida elección presidencial de 1910. Cuando ésta terminó en un escandaloso fraude, Madero convocó a un alzamiento político-militar con el así llamado Plan de San Luis, que inició la Revolución de 1910.

Es de este primer periodo de la vida pública de Vasconcelos del que ha surgido, como una suerte de leyenda, la idea de que fue él quien acuñó el lema más célebre del maderismo: *Sufragio Efectivo, No Reelección*. Si así hubiera sido, no cabe duda que sería una muestra de la sarcástica inteligencia de Vasconcelos, pues ese lema tiene su origen el Plan de la Noria, encabezado por Porfirio Díaz contra Benito Juárez, en 1871. El genio de Vasconcelos radicó, sin embargo, en haber rescatado esa frase usada originalmente por el joven Porfirio como un ariete contra el anciano Juárez, cuando éste insistía en prolongar su permanencia en el poder. Conocido el resultado oficial de esa elección, las simpatías al Plan de San Luis se multiplicaron. Esto dejó claro al anciano caudillo que no estaba en condiciones de mantenerse al frente del gobierno, a menos que deseara llevar a México por la ruta de una guerra civil o que las ambiciones norteamericanas, ya demostradas, pusieran en peligro nuevos territorios nacionales. Díaz renunció, y el gobierno provisional instalado al efecto convocó a nuevas elecciones presidenciales en las que Madero triunfó en 1911. Tras producirse el golpe de estado de Victoriano Huerta y Félix Díaz, Vasconcelos tuvo que exiliarse en Estados Unidos, donde recibió el encargo del gobernador de Coahuila y primer jefe del Ejército Constitucionalista Venustiano Carranza, de buscar, como agente confidencial, el reconocimiento de Inglaterra, Francia y otras potencias europeas, impidiendo que Huerta fuera reconocido y obtuviera apoyo económico. Cuando Vasconcelos logró el reconocimiento de Carranza como presidente de facto, éste volvió a nombrar a Vasconcelos director de la Escuela Nacional Preparatoria. Pero discrepancias políticas con Carranza llevaron una vez más al exilio a Vasconcelos, que regresó para tomar la cartera de Instrucción Pública durante la breve gestión de Eulalio Gutiérrez Ortiz como presidente de la Convención Nacional. Durante este periodo, Vasconcelos no pudo en realidad desarrollar sus ideas en materia de educación pública, pues las pugnas internas de los revolucionarios de la Convención de Aguascalientes y la derrota de Francisco Villa ante Álvaro Obregón, hicieron imposible cualquier ejercicio de funciones de gobierno.

Al proclamarse el Plan de Agua Prieta, en 1920, Vasconcelos se alineó con Álvaro Obregón contra Carranza. Tras la muerte de Carranza, el presidente interino Adolfo de la Huerta le encargó el Departamento Universitario y de Bellas Artes, cargo que incluía la rectoría de la Universidad Nacional de México, cargo que ejerció del 9 de junio de 1920 al 12 de octubre de 1921.

Su espíritu iberoamericano, expresado en su obra literaria, queda también reflejado en la propuesta al Consejo Universitario, en abril de 1921, del escudo que la UNAM ostenta hasta la fecha y en el que plasma su convicción de que los mexicanos deben difundir su propia patria con la gran patria hispanoamericana como una nueva expresión de los destinos humanos. La leyenda que propone para dicho escudo constituye hasta ahora el lema de la Universidad Nacional: *Por mi Raza Hablará el Espíritu.*

Tras reorganizar la estructura de la Universidad Nacional, Vasconcelos fue nombrado secretario de Instrucción Pública, y desde esa posición inició un ambicioso proyecto de difusión cultural en el país, con programas de instrucción popular, edición de libros y promoción del arte y la cultura. El objetivo era integrar a México de manera más amplia en las grandes transformaciones que siguieron al fin de la Primera Guerra Mundial. Vasconcelos, un personaje carismático y capaz de entusiasmar a sus colaboradores, hizo de los maestros rurales un ejército de paz y de cada profesor, según su propia metáfora de raíz católica, inspirada en el sacrificio de los misioneros del periodo colonial, un "apóstol de la educación". Al trabajo de los maestros rurales sumó el apoyo, nunca antes visto en México, de la edición masiva de algunas de las más grandes obras del pensamiento europeo y occidental, que fueron distribuidas por todos los rincones del país en lo que Vasconcelos no dudó en calificar como *Misiones Culturales*.

Además, inició un ambicioso programa de intercambio educativo y cultural con otros países americanos, las llamadas "embajadas culturales", que llevaron a algunos de los más brillantes estudiantes mexicanos de la época a entrar en contacto a edad temprana con sus pares de Argentina, Brasil, Colombia, Perú y otros países de América Latina.

Apoyó, además, a multitud de artistas e intelectuales. A algunos de ellos los convenció para que se establecieran en México, y junto a ellos ideó nuevas fórmulas de expresión artística, masiva, que a pesar de sus tintes políticos y propagandísticos tienen un valor estético exento de duda. Tal fue el caso de muralistas como David Alfaro Siqueiros, José Clemente Orozco y Diego Rivera. El apoyo de la Secretaría de Instrucción Pública de Vasconcelos no se limitó, sin embargo, a los artistas mexicanos, como lo demuestra su relación con la chilena Gabriela Mistral, ni tampoco al campo de lo artístico; un ejemplo entre otros muchos es su relación con el político peruano Víctor Raúl Haya de la Torre.

Un aspecto clave de su gestión, fue la reconstrucción o construcción de edificios de uso público para la difusión de la cultura, como el *Estadio Nacional*, escuelas publicas de diferentes niveles, bibliotecas y, de manera más general, los edificios destinados a albergar el aparato burocrático del sistema educativo a lo largo y ancho de la nación.

Vasconcelos, sin embargo, encontró difícil conciliar su condición como pensador independiente con las exigencias de los cargos de gobierno que ejerció. Además, su relación con Álvaro Obregón y Plutarco Elías Calles estuvo siempre mediada por la desconfianza que le inspiraban los mexicanos del norte de la república. Hábil para acuñar punzantes aforismos, frases célebres o para ridiculizar a sus adversarios en debates o en intercambios epistolares, en más de una ocasión expresó, con un dejo de desdén, que en México la civilización terminaba donde empezaba el consumo de carne asada, en obvia referencia a las regiones del norte de México, de donde provenían Obregón y Calles.

Es por eso por lo que, luego de su brillante inicio como funcionario público, Vasconcelos decidió retirarse del ejercicio de los cargos públicos, para dedicarse a satisfacer su pasión por la escritura, el análisis filosófico y la polémica. A pesar de ello, tuvo una participación destacadísima en las luchas por obtener la autonomía de la Universidad Nacional, al lado de Antonio Caso, Manuel Gómez Morín y otros personajes destacados de la década de los veinte.

No sólo eso, consciente de los excesos de los que Plutarco Elías Calles era capaz en temas tan delicados como el de las relaciones Estado-Iglesia, y que prefiguraban el desarrollo del maximato y uno de sus precursores, de la así llamada Guerra Cristera, en 1929 decidió postularse como candidato a la presidencia de la república. Eso lo llevaría a enfrentarse al candidato de Calles, Pascual Ortiz Rubio en una desigual campaña que recordó a muchos la que Madero desarrolló en 1909 contra Porfirio Díaz, no sólo por el apoyo del aparato del Estado al candidato Ortiz Rubio, sino también por la violencia que muchos vasconcelistas debieron padecer en carne propia.

Apoyado por algunos de los más lúcidos intelectuales y artistas de la época, como Antonieta Rivas Mercado, Gabriela Mistral, Manuel Gómez Morín, Alberto Vázquez del Mercado y Miguel Palacios Macedo, Vasconcelos desarrolló una ambiciosa campaña electoral que despertó las ilusiones de muchos.

En campaña acaece el asesinato de líderes vasconcelistas emprendido por diputados y asesinos de paga disfrazados de policías; el propio Vasconcelos sobrevivió a varios atentados en su contra. El mismo día de las elecciones se abre fuego contra los votantes en diversas poblaciones del país.

Los resultados oficiales de la elección arrojan un 93 por ciento de los votos para Ortiz Rubio y el resto para Vasconcelos y otros. Los resultados, sin valor alguno para la mayoría de los historiadores del periodo, dejaban ver –sin embargo– el claro mensaje que Calles y su grupo enviaban a Vasconcelos: no se respetarían elecciones democráticas, sino sucesión presidencial previamente acordada por el jefe de Estado, lo que se convirtió en modelo político mexicano tocante al tema de la sucesión presidencial a lo largo del siglo XX.

Frente a los resultados, Vasconcelos buscó reproducir el patrón seguido por Madero 20 años antes, invitando a la población a sumarse a una revolución, la cual al triunfar lo llamase para tomar el lugar que merecía, porque él se exiliaba a los EE.UU. El llamado a la insurrección fue desoído por una sociedad mexicana cansada de poco más de 10 años de guerras civiles (siete de la Revolución Mexicana y tres de la cristiada) y comprada por una estabilidad forzada con el agregado de enfrentar los efectos devastadores de la crisis global de 1929. No sólo eso. Para Vasconcelos implicó el inicio de un doloroso, pero altamente productivo, exilio por Estados Unidos y Europa, que le permitió dedicarse de lleno al análisis filosófico (lo que le permitió adentrarse en el análisis del pensamiento filosófico hindú), a escribir su monumental autobiografía, un referente obligado para comprender el México del siglo XX, y una serie de artículos y comentarios sobre temas diversos. Durante su paso por Estados Unidos, Vasconcelos se convirtió en una "estrella" del entonces naciente circuito de oradores destacados que las universidades estadounidenses invitan para informar sobre lo que sucede en otros países, pero que también le permitió a Vasconcelos, por otra parte, satisfacer sus más elementales necesidades económicas, pues a su paso por el servicio público no acumuló riquezas.

En 1940, la guerra en Europa y la política de reconciliación nacional seguida por Manuel Ávila Camacho le permitieron regresar a México, donde fue nombrado director de la Biblioteca Nacional. De esta etapa de su vida lo menos recordado es su contradictoria admiración por los resultados obtenidos por los regímenes fascistas en Europa, que incluyó la dirección de un periódico patrocinado por la embajada Alemana de entonces. Vasconcelos admiraba de esos regímenes su capacidad para movilizar y organizar a grandes grupos de ciudadanos que, de otra manera, se encontraban sumidos en crisis profundas que le recordaban la situación que México vivía. Vasconcelos, por cierto, no estaba solo en estas simpatías, como lo atestiguan las ediciones de distintos diarios de la capital de la república, especialmente las ediciones vespertinas del diario *Excélsior*, llamadas *Últimas Noticias de la Mañana* y *Últimas Noticias de la Tarde*, que abiertamente expresaban sus simpatías por la Alemania nazi. Hay quienes consideran que fueron estas simpatías fascistas las que le impidieron permanecer en Estados Unidos y le obligaron a regresar a México. Sin embargo, cuando se conocieron detalles sobre los excesos cometidos en los campos de concentración y en el tratamiento de los prisioneros de guerra, Vasconcelos expresó su repudio a los excesos del nacionalsocialismo alemán y del fascismo italiano.

Una vez concluida la guerra, Vasconcelos continuó como director de la Biblioteca Nacional, cargo que combinó con una activa carrera como profesor universitario y polemista. El destino, sin embargo, le tenía reservada una última satisfacción: en diciembre de 1958 vería a uno de sus discípulos y organizador de su campaña presidencial en 1929, el mexiquense Adolfo López Mateos, convertirse en presidente de México.

Murió en el barrio de Tacubaya, en la ciudad de México, el 30 de junio de 1959. Fue encontrado su cuerpo reclinado sobre el escritorio, en el cual trabajaba en una de sus últimas obras literarias: «Letanías del atardecer» publicada inconclusa póstumamente.

En su legado en obras se encuentra su serie autobiográfica *Ulises Criollo* (1935), *La tormenta* (1936), *El desastre* (1938), *El proconsulado* (1939); y en su literatura ensayística se encuentran *La Flama. Los de Arriba en la Revolución. Historia y Tragedia* (1959), y *La Raza Cósmica* (1925).

Antonieta Rivas Mercado (1898-1933)

Fundadora del *Teatro Ulises* que renovó la representación teatral en México y puso a los teatros mexicanos obras de los mejores autores del mundo. Dirigió el *Teatro Orientación* de la Secretaría de Educación Pública. Apoyó la candidatura presidencial de José Vasconcelos, en 1928. Escribió una *Crónica de la campaña política*. Se suicidó en la catedral de Notre Dame, en París.

Jorge Vera Estañol (1873-1958)

Abogado nacido en la ciudad de México. Ministro de Instrucción Pública durante el gobierno de Victoriano Huerta (1913). Colaboró en la redacción de la obra *México y su evolución social* y en *Ensayo sobre la reconstrucción de México*. Publicó *Partido Evolucionista* (1911), *Al margen de la Constitución de 1917* (1920) e *Historia de la Revolución Mexicana. Orígenes y resultados* (1967). Vivió una temporada en los Estados Unidos. En 1931 volvió a la ciudad de México, donde murió.

Jesús Zavala (1892-1936)

Poeta y crítico nacido en San Luis Potosí. Se recibió de abogado en 1917. En la ciudad de México desempeñó cargos en la Judicatura y dictó cátedra en la Escuela Nacional Preparatoria. Fundó la Academia Potosina de Ciencias y Artes.

Rafael Zayas Enríquez (1848-1932)

Abogado, escritor y periodista nacido en Veracruz. Colaborador de diversos periódicos. Autor de una biografía sobre Juárez premiada en 1906. Colaboró en el departamento de trabajo. Escribió *El caso México y la política de Henry Lane Wilson*. Autor de varias obras de teatro, entre otras *El esclavo*, *El expósito* y *Paula y el conde de Villamediana*. Autor de varias novelas entre las que se encuentran *El remordimiento* y *El teniente de los gavilanes*, y de algunos interesantes trabajos históricos: *Historia de la Reforma de México* y *La verdad sobre el 25 de junio*. Murió en Nueva York.

Hombres
de expresión

Heriberto Frías (1870-1925)

Novelista y periodista nacido en Querétaro. Estudió en la Escuela Nacional Preparatoria y en el Colegio Militar. Entró en servicio activo con el grado de subteniente de infantería en 1889. En 1892 fue enviado a la campaña de Tomochic, municipalidad del Departamento de Guerrero, Chihuahua, para sofocar a los indígenas que se habían sublevado contra el gobierno federal. De las experiencias en esa campaña salió una de sus principales novelas: *Tomochic*, cuya publicación le causó el ser dado de baja del ejército y procesado tan gravemente que estuvo a punto de ser pasado por las armas. En 1893 volvió a retomar su carrera de periodista y llegó a ser director del *Correo de la Tarde*, de Mazatlán. Se afilió al Partido Antirreleccionista y dirigió *El Constitucional de Guerrero* y *La Voz de Sonora*. De 1921 a 1923 desempeñó el puesto de Cónsul de México en Cádiz, donde escribió, casi ciego, su novela *¿Águila o sol? Novela histórica mexicana*. Murió en Tizapán, D. F.

José Guadalupe de Anda (1880-1950)

Escritor nació en San Juan de los Lagos, Jalisco. Fue ferrocarrilero hasta 1914, cuando se incorporó a la Revolución. Dentro de sus novelas históricas destacan: *Los cristeros* (1937); *Los bragados* (1942) y *Juan del riel* (1943).

Mariano Azuela (1873-1952)

Escritor nacido en Lagos de Moreno, Jalisco. Estudió en Guadalajara la carrera de medicina, que ejerció durante 25 años, y finalmente la abandonó para dedicarse de lleno a la literatura. En 1896 publicó en un diario de la capital unos artículos titulados *Impresiones de un estudiante*. En 1907 publicó su primera novela: *María Luisa*; en 1908, *Los fracasados*; en 1909 *Mala Yerba*. Involucrándose en la Revolución, luchó primero contra Porfirio Díaz y después contra Victoriano Huerta; pero su principal terreno de lucha fue siempre la novela, donde denuncia las injusticias sociales, llegando a convertirse en uno de los principales exponentes mexicanos de la llamada "novela realista". En 1911 publica su primera novela de la Revolución: *Andrés Pérez, maderista*, y más tarde publica la que sería su obra cumbre: *Los de abajo* (1916), a la que siguen los siguientes títulos: *Los caciques*, *Las moscas* y *Sendas perdidas*. En 1949 se le otorgó el Premio Nacional de Literatura. Murió en la ciudad de México.

Manuel Martínez Velarde (1893-1935)

Poeta y periodista nacido en Arandas, Jalisco. Su padre le dio preparación humanística. Estudió en Guadalajara. Adherido a la Revolución colaboró en varios periódicos bajo el pseudónimo de Chencho Pitarrillas. Autor de *Visiones de provincia* (1918) y *Alma solariega* (1923). Murió en Guadalajara.

Antonio Méndez Bolio (1884-1957)

Poeta y dramaturgo nacido en Mérida, Yucatán. Estudió en el Seminario Conciliar, el Colegio Católico de San Ildefonso y la carrera de abogado en el Instituto del Estado. Desde joven intervino en asuntos de política, como tomó el partido del maderismo sufrió persecuciones en la época de Victoriano Huerta, por lo que tuvo que exiliarse en La Habana. Desempeñó cargos políticos y diplomáticos. Fue miembro de la Academia de la Lengua desde 1930. En La Habana escribió su primer libro, llamado *Palabras al viento* (1915); escribió varias operetas, zarzuelas y obras de teatro, como *La fuerza de los débiles* y *Cenizas que arden*. Gran conocedor de los mayas, escribió *La tierra del faisán y del venado* (1922), que ha sido traducida a varios idiomas.

Emigdio Olivo Pimentel (1884-1915)

Periodista y poeta nacido en Pénjamo, Guanajuato. Empezó la carrera de abogado que al poco tiempo dejó para dedicarse al periodismo. Fue director de *Plus Ultra*, *El Eco Estudiantil* (revista política) y *Crisálida* (revista literaria); en México participó en la redacción de *El Diario del Hogar*. Fue constitucionalista y murió en un encuentro entre zapatistas y constitucionalistas en Apizaco. Su obra poética quedó dispersa entre diarios y revistas.

Salvador Quevedo y Zubieta (1859-1935)

Médico y escritor nacido en Guadalajara. Fundó un semanario de oposición al gobierno, llamado *El Lunes,* por el cual se vio obligado a salir del país en 1882. Dos años después regresó a México y publicó una requisitoria contra el presidente González. Fue Cónsul de México en Santander, España, en 1897, y en Saint Nazaire, Francia, en 1908. Su variada obra incluye relatos: *Recuerdos de un emigrado* (1883) y *Un año en Londres* (1885); novelas como *México manicomio* (1927); *México marimacho* (1933); *La ley de la sábana* (1935); teatro: *Doña Pía o el contrachoque* (1919); obras históricas: *El general González y su gobierno en México* (1884-1885) y *Porfirio Díaz* (1906). Murió en la ciudad de México.

José Revueltas (1914-1976)

Escritor nacido en Santiago Papasquiaro, Durango. Desde joven ingresó en el Partido Comunista Mexicano, del que fue expulsado por discrepancias. Fue uno de los fundadores del Partido Popular Socialista, del que también se distanció luego. Fundó la Liga Comunista Espartaco y participó activamente en el movimiento estudiantil de 1968. Fue encarcelado varias veces por razones políticas. Es uno de los novelistas más importantes de la literatura mexicana, con sus obras: *Los muros de agua* (1941); *El luto humano* (1943); *Dios en la tierra* (1944); *Israel* (1947); *Los días terrenales* (1949); *En algún valle de lágrimas* (1956); *Los motivos de Caín* (1957); *Dormir en tierra* (1960); *Los errores* (1964); *Material de los sueños* y *El apando.* Murió en la ciudad de México.

Belisario de Jesús García (1894-1952)

Militar y compositor nacido en Montemorelos, Nuevo León. Militó en las filas carrancistas de 1913 a 1920. Subjefe de Músicas Militares en la República y Director de Bandas de Música. Compuso más de cien canciones, entre las que destacan *Morir por tu amor, Ojos verdes, Las tristezas de Pierrot, Tango negro, La mañana está de fiesta,* y otras. Murió en la ciudad de México.

Ignacio Asúnsolo (1890-1963)

Escultor nacido en Durango. Estudió en la Escuela Nacional de Bellas Artes; en 1913 se unió a la Revolución. Siendo Vasconcelos Secretario de Educación le otorgó una beca para estudiar en Europa. A su regreso dio clases en la Escuela Nacional de Bellas Artes. Entre sus obras sobresalen: *A la Patria* (1924), en el Castillo de Chapultepec; *A Nervo, Sor Juana, Gabriela Mistral y Justo Sierra* (1924), en la Secretaría de Educación Pública; *Monumento a Obregón* (1934); *Monumento al trabajo* (1937); *Monu-*

mento a Zapata (1952) y la *Estatua monumental de Miguel Alemán* (1954). Otras de sus obras se encuentran en diversos estados de la república y algunos de sus bosquejos y bocetos están en museos norteamericanos. Murió en la ciudad de México.

Ernesto García Cabral (1890-1968)

Caricaturista, periodista y pintor nacido en Huatusco, Veracruz. Estudió dibujo en la Academia de San Carlos. Fue dibujante del periódico *El Ahuizote* y se dio a conocer como caricaturista de sátira política en *Multicolor*, lo que le ocasionó que el gobierno maderista lo mandara a estudiar a París, donde colaboró en varios periódicos. En 1918, de regreso en México dejó la caricatura temporalmente para dedicarse al dibujo a color en revistas y periódicos. También se dedicó a la pintura, entre sus obras destaca un mural sobre la *Historia espiritual del Valle de México*. Fundó, junto con otros, el Club de los Pergaminos. Murió en la ciudad de México.

Emilio García Cahero (?-1939)

Pintor y grabador nacido en Veracruz. Trabajó en la Escuela al aire libre de Santa Anita (1913), y en la de Chimalistac, en 1920. Participó en la Revolución con el grupo de artistas del doctor Atl. Fue profesor de la Academia de San Carlos de 1921 a 1925. Realizó frescos en la Escuela de Ingenieros Constructores en San Antonio, Texas.

Jesús Martínez Carrión (1860-1906)

Caricaturista nacido en Guanajuato. Colaboró en *El hijo del Ahuizote* durante diez años. Cultivó la historieta y la acuarela. Fundó *El Colmillo Público*. Sufrió cárcel por su oposición al régimen de Porfirio Díaz. Murió en la ciudad de México.

Leopoldo Méndez (1902-1969)

Grabador, pintor y muralista nacido en la ciudad de México. Estudió en la Academia de San Carlos y en la Escuela de Pintura al Aire Libre de Chimalistac. Intervino activamente en el Grupo Renovador del Arte (1923-1924); fue uno de los fundadores de la Liga de Escritores y Artistas Revolucionarios y también del Taller de la Gráfica Popular, del que fue director. Recibió numerosos premios nacionales e internacionales, fue becario de la fundación Guggenheim.

Eugenio Olvera Medina (1866-1934)

Caricaturista y dibujante nacido en la ciudad de México. Estudió en la Academia de San Carlos. Colaboró en *El Imparcial, El Hijo del Ahuizote* y otros periódicos de oposición.

Francisco Goitia (1882-1960)

Pintor nacido en Patillos, Zacatecas. Estudió en la Escuela Nacional de Bellas Artes de San Carlos. Estuvo en Europa de 1904 a 1912, donde fue discípulo de Francisco Gali, en Barcelona. Al regresar a México se unió a las fuerzas de Francisco Villa. Su producción es escasa, pero impactante, entre sus principales cuadros están: *Tata Jesucristo* (1927); *Los ahorcados, Baile revolucionario* y *Autorretrato* (1955).

Gerardo Murillo (Doctor Atl) (1875-1964)

Pintor nacido en Guadalajara, Jalisco. Fue Leopoldo Lugones quien, en 1902, en París, le puso el sobrenombre de "Doctor

Atl" ("agua", en náhuatl). Estudió pintura en la Escuela de Bellas Artes, y filosofía, derecho y vulcanología en Roma. En París publicó, junto con Luis Quintanilla, *La Revolution du Mexique*, para atacar el régimen de Victoriano Huerta. En1914, ya en México, se incorporó a las fuerzas de Carranza y promovió la Casa del Obrero Mundial. En 1915 publicó en Orizaba la revista *Vanguardia*. Impulsó a los artistas jóvenes de la época. Fue escritor e investigador; se interesó siempre por las artes populares y a él se debe el término "ultrabarroco", empleado para agrupar las obras mexicanas de mayor riqueza y fantasía del siglo XVIII. Como pintor fue un paisajista importante que supo dar una nueva versión del panorama mexicano. En sus últimos años enriqueció su obra con lo que llamó "aereopaisaje", es decir, las cosas vistas desde un avión, especialmente los volcanes. Pintó también retratos y autorretratos; en 1922 ejecutó pinturas murales en el exclaustro del Colegio Máximo de San Pedro y San Pablo, hoy desaparecido. Publicó también varios escritos, tanto de arte como de literatura. Cuentista notable, de su producción sobresalen *Cuentos de todos colores*.

Diego Rivera (1886-1957)

Pintor muralista nacido en Guanajuato. Estudió pintura en la Escuela Nacional de Bellas Artes y fue a vivir a Europa, donde permaneció hasta 1921. Participó en los grandes cambios artísticos del siglo XX; recibió influencias de Renoir, Cézanne, Gauguin, Matisse y otros. Sus primeras producciones importantes se encuentran enmarcadas dentro del cubismo, como *El guerri-*

llero (1915), y su *Autorretrato* (1918). Entre sus murales se encuentran los frescos de la Secretaría de Educación (1923-1926), del salón de actos de la Escuela Nacional de Agricultura, en Chapingo (1927), de la Secretaría de Salubridad (1929), del Palacio de Cortés, en Cuernavaca, del *San Francisco Stock Exchange Luncheon Club*, de la Escuela de Bellas Artes de California (1934), del Instituto Nacional de Cardiología (1944), del Hotel del Prado (1947). Sus grandes murales en Mosaico fueron realizados en la Ciudad Universitaria y el Teatro de los Insurgentes. Sus obras de caballete también son notables, como el *Retrato de Lupe Marín*, el de *Ruth Rivera, Bailarina en reposo* y *Danza de la tierra*. Presentó múltiples exposiciones de pintura de caballete, una fue en el Museo de Arte Moderno de Nueva York. En 1955 cedió todos sus bienes en beneficio del pueblo, incluyendo la casa de Frida Khalo, en Coyoacán, una colección de obras de arte popular, pinturas, dibujos y el *Diario* de Frida. Cedió también el *Anahuacalli*, museo diseñado y financiado por él que contiene una colección de más de 6000 piezas prehispánicas, además de los derechos de reproducción de todas las obras suyas y de Frida. En sus pinturas desarrolla sus ideales revolucionarios, y en ellas aparecen los sufrimientos y contradicciones del pueblo mexicano. Murió en la ciudad de México.

David Alfaro Siqueiros (1896-1974)

Pintor nacido en Chihuahua. Participó en la huelga de la Academia de Bellas Artes. Fue miembro de la Escuela al Aire Libre de Santa Anita (1913). Conspiró contra el gobierno de

Victoriano Huerta. Colaboró en *La Vanguardia*, órgano periodístico del ejército constitucionalista. En 1918 organizó en Guadalajara el Congreso de Artistas Soldados, y en 1919 fue becado en España, donde publicó la revista *Vida Americana* (1921). En 1923 fue electo secretario general del Sindicato de Pintores, Escultores y Grabadores Revolucionarios de México; ahí fundó y dirigió *El Machete*, que se volvería el órgano del Partido Comunista, del cual fue miembro del Comité Central. Encabezó diversos movimientos sindicales y fue secretario general de la Federación Obrera de Jalisco, así como de la Confederación Sindical Unitaria de México (1926-1930). Tras haber sufrido prisión en varias ocasiones, fue expatriado en 1932. Vivió un tiempo en Los Ángeles, California, pero fue expulsado de los Estados Unidos y se fue a Sudamérica. En 1934 regresó al país y fue presidente de la Liga contra el Fascismo y la Guerra. A fines de 1935 se incorporó al ejército republicano español. En 1940 tomó parte en el atentado contra León Trotsky, que estaba exiliado en México. En 1959 luchó por conseguir la libertad de los dirigentes y militares sindicales y dictó conferencias contra el presidente Adolfo López Mateos, lo que le causó ser aprehendido nuevamente y permanecer en Lecumberri hasta 1964. Colaboró en el órgano periodístico del ejército constitucionalista denominado *La Vanguardia*. Editó la revista *Arte Público*. Entre sus múltiples obras se encuentran las siguientes: en los muros de la escalera del patio chico de la Escuela Nacional Preparatoria *Los mitos* (922); en Los Ángeles pintó *Mitin obrero* en la Chouinard School of Art, y *América tropical* en la Plaza del Art Center (1932); el mural *Muerte del invasor* en la Escuela México de Chillán, Chile (1941-1942); *Alegoría de la igualdad. Confraternidad de las razas blanca y negra* y *Nuevo día de las democracias*, en La Habana (1943); en 1944 fundó en México el Centro Realista de Arte Moderno, donde pintó *Cuauhtémoc contra el mito*. En 1947 expuso obras de caballete en el Palacio de Bellas Artes, entre ellas: *El Coronelazo* (autorretrato), *Nuestra imagen actual* y *El diablo en la Iglesia*. Otros murales importantes son *El hombre, amo y esclavo de la máquina*, en el Instituto Politécnico Nacional (1952). *Por una seguridad completa y al servicio de todos los mexicanos,* en el Instituto Mexicano del Seguro Social (1952-1954); *El arte escénico en la vida social de México* (1958), en el edificio de la Asociación Nacional de Actores, en el "Polyforum" del Hotel de México, inaugurado en 1971. En 1945 fundó el Taller de Ensayo, Pintura y Materiales Plásticos, en el Instituto Politécnico Nacional; en 1948 inició un curso en la Escuela de Bellas Artes de San Miguel de Allende; en 1965 se estableció en Cuernavaca, Morelos, donde formó un taller de integración plástica y donde murió.

Índice de nombres*

---

* Los personajes que funcionan como "ejes históricos" son citados con
tal profusión que sería improcedente marcarlos.

Bibliografía

Avitia Hernández, Antonio. *Corrido histórico mexicano. Voy a cantarles una historia. (I: 1810-1910; II: 1910-1916; III: 1916-1924).* México, Porrúa (Sepan Cuantos 675, 676 y 677), 1977.

Bassols Batalla, Narciso. *Obregón.* México, Nuestro Tiempo, 1967.

Cardiel Reyes, Raúl. *Retorno a Caso.* México, UNAM, 1986.

Cosío Villegas, Daniel. *Memorias.* México, SEP-Joaquín Mortiz (Lecturas mexicanas, n° 55), 1986.

Fabela, Isidro. *Documentos históricos de la Revolución Mexicana.* México, FCE, 1964.

Frías, Heriberto. *Tomochic.* México, siglo XXI, 2003.

Galeano, Eduardo. *Las venas abiertas de América Latina.* México, Siglo XXI, 1979.

Gamio, Manuel. *Forjando patria.* México, Porrúa (Sepan Cuantos, 368), 2006.

Gamio Manuel. *Arqueología e indigenismo.* México, SEP (Sep-Setentas), 1972.

García Cantú, Gastón. *Las invasiones norteamericanas en México.* México, Ediciones Era (Serie Popular), 1974.

Gómez Pérez, Marco Antonio. *Pancho Villa. El dorado de la Revolución.* México, Grupo Editorial Tomo (Grandes Mexicanos), 2005.

González Marín Silvia. *Heriberto Jara: un luchador obrero de la Revolución mexicana (1879-1917).* México, El Día, 1984.

Kenneth Turner, John. *México Bárbaro.* México, Porrúa (Sepan Cuantos: 591), 2009.

Kánya, Kálmán. *Un húngaro en el México revolucionario.* México, EDAMEX, 1999.

Krauza, Enrique. *Venustiano Carranza. Biografía del poder* (5). México, FCE, 1987.

Labastida, Horacio. Flores Olea, Víctor. Méndez Arceo, Sergio, et. al. *La Iglesia, el subdesarrollo y la revolución.* México, Nuestro Tiempo, 1968.

Macauley, Luis. *Venustiano Carranza.* México, Grupo Editorial Tomo (Grandes Mexicanos), 2004.

Macías, Carlos (compilador). *Plutarco Elías Calles. Pensamiento político y social. Antología* (1913-1936). México, SEP-FCE. 1992.

Magdaleno, Mauricio. *Hombres e ideas de la Revolución.* México, Instituto Nacional de Estudios Históricos de la Revolución Mexicana, 1980.

Magdaleno Mauricio. Krauze, Enrique. González Casanova, Henrique, et. al. *José Vasconcelos, de su vida y su obra.* México. UNAM-Difusión Cultural, 1982.

Mares, Roberto. *Álvaro Obregón.* México, Grupo Editorial Tomo (Grandes Mexicanos), 2004.

Mares, Roberto. *Emiliano Zapata.* México, Grupo Editorial Tomo (Grandes Mexicanos). 2006.

Mares, Roberto. *José Vasconcelos.* México, Grupo Editorial Tomo (Grandes Mexicanos), 2004.

Mares, Roberto. *Lázaro Cárdenas.* México, Grupo Editorial Tomo (Grandes Mexicanos), 2004.

Mares, Roberto. *Plutarco Elías Calles.* México, Grupo Editorial Tomo (Grandes Mexicanos), 2004.

Medin, Tzvi. *El minimato presidencial: historia política del maximato.* México, ERA, 1988.

Mena Bito, Bernardino. *Felipe Ángeles, federal.* México, Herrerías, 1936.

Meyer, Eugenia. *Luis Cabrera. Teórico y crítico de la Revolución.* México, SEP (Sep-Setentas), 1982.

Moreno Díaz, Daniel. *Los hombres de la Revolución.* México, Costa-Amic, 1994.

Naranjo, Francisco. *Diccionario biográfico revolucionario.* México, Cosmos, 1972.

Negrete, Marta Elena. *Enrique Gorostieta, cristero agnóstico.* México, Universidad Iberoamericana-Ediciones El Caballito, 1981.

Noriega, Alfonso. *El pensamiento conservador y el conservadurismo mexicano*. (tomo I). México, UNAM, Instituto de Investigaciones Jurídicas, 1972.

Pierri, Ettore. *Emiliano Zapata. Vida, pasión y muerte*. México, Editores Mexicanos Unidos. 2002.

Podan, Mateo. *Don Porfirio y sus tiempos*. México, La Prensa, 1940.

Promexa. *Enciclopedia Universal*. México, Promexa-Accolade Books, 1982.

Ramos Raymundo. *Memorias y autobiografías de escritores mexicanos*. México, UNAM (Biblioteca del Estudiante Universitario), 1978.

Reed, John. *México insurgente*. México, Porrúa (Sepan Cuantos 366), 2001.

Reed, John. *Hija de la Revolución*. México, FCE, 1972.

Riding, Alan. *Vecinos distantes. Un retrato de los mexicanos*. México, Joaquín Mortiz-Planeta, 1985.

Rosas, Alejandro. *Carmen y Aquiles Serdán*. México, Planeta De Agostini, 1995.

Rutiaga, Rafael (compilador). *Francisco I. Madero*. México, Grupo Editorial Tomo (Grandes Mexicanos), 2004.

Salmerón, Fernando. *Cuestiones educativas y páginas sobre México*. México, Universidad Veracruzana, 1982.

Shulgovski, Anatoli. *México en la encrucijada de su historia*. México, Ediciones de Cultura Popular. 1972.

Silva Herzog, Jesús. *Breve historia de la Revolución Mexicana. I: Los antecedentes y la etapa maderista. II: La etapa constitucionalista y la lucha de facciones*. México, FCE, 2009.

Tarracena, Alfonso. *Francisco I. Madero. México*, Porrúa (Sepan Cuantos 232), 1995.

Tarracena, Alfonso. *José Vasconcelos*. México, Porrúa (Sepan Cuantos, 386), 2001.

Tarracena, Alfonso. *La verdadera Revolución Mexicana*. (I:1901-1911, II: 1912-1914) México, Porrúa (Sepan Cuantos: 610, 611). 2005 y 1991.

Urquizo Francisco. *Don Venustiano Carranza. El hombre, el político, el caudillo*. México, Editorial Cultura, 1939.

Valadés, José (compendiador). *México a través de los siglos. Compendio general*. México, Editorial del Valle de México, 2001.

Impreso en los talleres de
MUJICA IMPRESOR, S.A. DE C.V.
Calle Camelia No. 4, Col. El Manto,
Deleg. Iztapalapa, México, D.F.
Tel: 5686-3101.